"十三五"国家重点出版物出版规划项目

图解服务的细节

049

フードサービス業チェーン化入門

餐饮连锁这样做

[日] 渥美俊一 著

玲玲 译

人民东方出版传媒
People's Oriental Publishing & Media
東方出版社
The Oriental Press

目　录

序　言

日本的餐饮业中，有两类比较有名。

第一类是以“当地 ××”为旗号的营业方式。即使只有 1 家，也讲究做出独特的味道。店铺数量为 10 至 20 家，大部分是一代经营。

第二类是首先以突破 200 家为目标，然后是 500 家、1000 家以上，有巨大野心的餐饮业连锁店。

这两类的经营理念和经营方式完全不同，日常的营业努力方向也完全不一样。

前者的理念是以有趣味性讲究的一部分消费者为对象，开设特色店，创业者家族垄断经营，努力使员工士气高扬、店铺生意兴隆。但是，其以作为少部分经营者的盈利为重点，个人资产的积累是其真正目的。

后者是以连锁化为目标的企业，此类企业以不断为社会做贡献为目标，为了让大多数人的日常生活变得更快乐、更富裕而竭尽全力。其理念是创建健康、丰富的生活，这需要学习、实践新的经营方法，挑战新的技术。为此，需要花费 10 年以上的时间培养年轻人，以建立经营体系，确保中等以上的社会生活水平。

这些企业拥有对于光辉未来的构想，以先突破 200 家、继而超过 1000 家为目标，几十年持续努力。

本书是笔者向餐饮业里持有远大志向的人提出的建议，仅供参考。

书店中被分类为“经营”的书架上，关于餐饮店经营的书有很多。其中大部分是有关前者的个人独家经营或者分店经营技术的实务类书籍。书中多是些“努力加油”之类的“坚持主义”性质的劝说，甚至连对象是经营者还是店长的区分都很模糊。

本书则以有意欲开创连锁店新局面的人为对象，为以创立真正的连锁店为目标的人提出建议。

作为理论体系，除了与传统餐饮业完全不同的商品和营业方法的原则外，本书还同时说明了员工培训、组织运营等作为大企业应有的经营技术。

本书由柴田书店发行的月刊杂志——《月刊食堂》编辑部将创刊以来连载的笔者的谈话经营论的一部分重新汇编，然后由笔者的部下——Japan Retailing Center 研究员上代 SHINOBU 对文体进行修改而成。在此对他们表示由衷的感谢。

渥美俊一

在笔者主持的连锁店经营研讨会 Pegasus 俱乐部中学习并创业，或者现在仍在研究中的“日本代表性的餐饮连锁店名”：

- Kappa 寿司
- 木曾路
- 幸乐苑
- COCO'S　Japan
- B-R31 ICE CREAM
- Joyfull
- Jonathan'S
- 春阳堂（茶月）
- SKYLARK
- Sugakico Systems
- ZENSHO
- DUSKIN（Mister Donut）
- Seven ＆ i Food Systems
- Chiyoda 寿司
- Nakau
- 日本 KFC
- 日本麦当劳
- Matsuya Foods
- 吉野家 Holding s
- Ringer Hut
- Watami

第1章

构想和战略

1　首先要提出明确的构想

以将餐饮业事业化为目标的人首先必须持有“餐饮业也能成就大事业”的观点。事实上，这已被一系列明确的数字证实。

在日本，直营店数上千的企业中，店铺营业型有 5 家，供餐型有 10 家。这在四十年前或五十年前是根本料想不到的。股票上市、股份公开的企业也约有 100 家。

1961 年柴田书店的《月刊食堂》创刊时，笔者曾在杂志上表达了“餐饮业也可发展 100 家分店，或销售额可达 100 亿日元”的观点。对此，几乎所有的业界人士都付之一笑，认为那不过是空想而已。因此，《月刊食堂》也被批判为是向业界鼓吹虚幻、不成体统的杂志。

但我们必须知道的是，过去甚至难以想象的巨大企业现在也诞生了。

此外，还有一点也很重要。即“独创一派”的方式绝对不可行。为成就大事业，必须要学习 Management① 的经验法则。反言之，餐饮业的经验法则既已确立，必须了解这一点。

---

① Management 指为达成数字和状态目标而做出的努力。使数字变化在预期内，或使数字稳定的技术、能力。让机会损失降到最小化的技术。

▼大型餐饮业为社会做出了巨大贡献

一般来讲，不仅是消费者，连业界人士也仅在意眼前的店铺，往往会认为“没什么大不了的”。的确，就连世界最大的餐饮业麦当劳、日本家庭餐厅的大公司 GASUTO，也并不是什么看上去特别了不起的店铺。

但是，这些大型餐饮店，却有比一般餐饮店多得多的顾客。不仅是眼前的这家餐饮店，其他分店也有不同的顾客蜂拥而至。这就是连锁化的本质所在。顾客支付自己的珍贵钱款，特意前往用餐。此类顾客非常多。

如果没有相当的魅力恐怕很难实现。但这也决不是一个人的能力、一个人的常识所能成就的。

那么，其结果又怎样呢?

例如，1 家家庭餐厅有 120 个座席，每天周转 3 次，那么平均顾客数有 360 人，1 个月的客流量则约 1.1 万人，1 年约 13 万人。如有 1000 家分店，每年的客流量则有 1.3 亿人。即 1 年的顾客数超过日本总人口数。

所谓餐饮业是一个比任何政治家、任何制造业等都为社会做出巨大贡献的群体集团。而且，唯有 Chain Store（连锁店）[①]才能实现。

大部分餐饮店都只有 1 家店铺。即使已有 10 家、20 家分店，

---

① Chain Store 在统计分类上指，独资并直营 11 家店铺以上的小型零售业或者餐饮业和服务业的经营制度。真正的连锁店至少有标准化店铺 200 家以上，以实现经济民主主义为目标，以大型商品开发计划为手段的经营体系。分为本公司和分店，本公司决定基本问题，分店负责商品管理、成本控制、成本保全等。

在发展为 50 家时，也常常受挫。那么，这和真正的连锁集团有什么不同呢？真正的连锁集团有什么技术诀窍呢？你难道不想了解吗？

为解开这些谜团，首先必须知道连锁的社会价值。

▼使持续经营成为可能的是“人和钱”的对策

那么，现在的大型连锁集团花了多少时间才成就了如今的规模呢？表 1-1-1 进行了说明。

例如，日本麦当劳股份公司如今拥有 3750 多家分店，而 40 年前还不过 5 家。1970 年至 1980 年的 10 年间一下子增长了 50 倍以上。吉野家、SATO 也一样。也就是说，它们都是在这个时代“崛起”的。

之后的第 2 组是在 80 年代大规模增加了店铺数的 Doutor Coffee、大和实业。接下来的萨莉亚、Kappa 寿司、ZENSHO 等，在 90 年代一下子扩大了经营规模。在 Strategy（战略）① 和 Corporate Strategy（经营战略）② 上，它们将先发展壮大的企业视作榜样。

即便各自的经营有所不同，但完全效仿了大型连锁集团的发展方式。在那些大型连锁集团的 30 年、40 年的企业历史中，都有 5 年至 10 年的发展飞跃期。

① Strategy 指 10 年至 20 年不变更的政策。例如资金、资产、人才、教育对策，应与经营战略、战术区别使用，是连锁化不可或缺的条件。

② Corporate Strategy 指顺应潮流的对策，每 5 年至 15 年需变更内容的政策。由于周围环境的不断变化，企业的基本方针、长期计划都会随之不断变化。

表1-1-1　餐饮业大型连锁集团的创业过程

※入会年代=Pegasus俱乐部的入会年代

公司名	创业年代	入会年代	上市年代	2009年			2000年			1990年			1980年			1970年		
				年销售额	店数	资本金	年销售额	店数	资本金	年销售额	店数	资本金	年销售额	店数	资本金	年销售额	店数	资本金
				亿日元	店	亿日元	亿日元	店	千万日元	亿日元	店	千万日元	亿日元	店	千万日元	亿日元	店	千万日元
日本麦当劳 HD	1971		2001	4,063 (3,616)	3,754 (2,166)	241	3,578 (3,331)	3,598 (2,832)	881	1,754 (1,536)	778 (654)	100	500 (476)	265 (250)	32	2	5	5
吉野家 HD	1958	1967	1990	1,742	1,102 (853)	102	798	767 (454)	1,026	451	439 (276)	1,026	149	223	24	3	3	12
SKYLARK	1962	1975	1978	〈2006年取消上市〉			2,421	1,805	1,290	1,259	657	1,088	384	251	78	3	6	1
																	（当时为SM4店、FS2店）	
Watami	1986	1993	1996	1,112	624 (618)	44	241	141 (140)	427	30	33 (26)	15						
ZENSHO	1983	1983	1999	1,382	1,203	100	174	257	302	39	65	15	0.9	5	0.9			
萨莉亚	1974	1986	1999	858	792	86	397	344	86	37	32	4	4	6	0.1			
Doutor Coffee	1962	2000	1993	〈2007年取消上市〉			379	968 (130)	600	252	488 (47)	8	14	2 (1)	3			
Joyfull	1976	1983	1993	619	706 (663)	15	274	360 (349)	151	65	40	70	18	2	0.2			
Matsuya Foods	1966	1978	1990	614	720 (713)	66	353	332 (321)	665	81	67 (57)	127						
Kappa 寿司	1973	1980	1994	747	326	95	118	144	201	75	76	24	9	11	6			
幸乐苑	1970	1978	1997	342	424 (399)	26	82	103 (87)	85	18	35 (16)	4	5	16 (14)	2.1	0.2 (6个月)	4	0.2
SATO	1968	1973	1984	254	210	55	346	236	559	303	209	481	142	120	50	7	5	0.2
大和实业	1960	1974以前		99	71	0.6	326	186	6	323	151	6	128	80	6	20	23	3

注 1：因为日本麦当劳 HD、Joyfull 是 12 月份决算，所以 2009 年的数值实际是 2008 年的数值。
注 2：日本麦当劳 HD、吉野家 HD、Watami、萨莉亚由于是股份公司，所以数值是合并数值。
注 3：( ) 内是直营的数值。

那么，是什么使之成为了可能？事实上，从发展初期的约前 5 年开始，每个企业都会拼命地经营。这是为了获得人才对策、数据分析管理[①]的知识。

它们真正的原动力其实就是“人和钱”。这些具体表现为商品、店铺。换言之，首要的是人和钱，其次是商品设计、开店、烹调加工的战术[②]，也即技术问题。生意策略、待客技巧、精美设备、时尚等并不重要。

▼目前不可行的东西，才是构想

构想常被认为是营业额增加 10 倍、店铺数增加 30 倍等，但那是经营计划目标，与构想不同。

当然，制订 1 年后、5 年后的目标是必要的。但如果是终生从事的课题，将什么作为自己今后人生的证明才是构想。至少 20 年，一般来讲 30 年、40 年或者 50 年后的目标称为构想。

经常有人说：“对可能性的极限挑战是构想。”这也不对。所谓可能性的极限是“顺利的话或许能成功”。构想并非如此，而是“目前不可行的东西”。不是 5 年、10 年，而是用一生也想达成的目标，这才是构想。

例如，我、渥美俊一 1960 年在日本国内外发表了发展原

---

① 即 Management by Figures，指将企业经营活动尽可能量化，利用此数字进行经营管理。原来仅指财务会计，现在包含管理会计、数理统计的方法、运筹学等所有领域。

② 即 Tactics，经营的具体技术，战术应每月进行改善。

动力产业的构想，具体而言，在日本发展真正的连锁店，建立1000家拥有200处以上分店的公司，将生活必需品的物价降至现在的三分之一，与美国一样，提供站在用户立场、而非制造方立场的产品品质，使日常生活如发达文明国家一般富足。可以说，这确实是构想。

▼并非“现在的生意”，而要更换“交通工具”以做大

当时，笔者周围的企业除了年销售额10亿日元的大荣有限公司，就是些零售1亿日元、3亿日元规模的公司，至于餐饮业，则都是些规模极小的企业。连SKYLARK在当时也仅拥有数家干货店。

大家都未想以“现在的生意”做大。他们关注的是，在20年、30年后公司被认为是不可或缺的社会基础设施，希望公司与道路、车站、学校等一样重要。这就是当时这些企业的目标。

为此，作为自己的构想，笔者提出了用一生解决的课题，也就是梦想。

那么，梦想如何才能实现呢？超市、家庭用品商店、快餐、咖啡店等，它们是成长过程中经营战略应换乘的“交通工具”。也就是说，不是摩托车，而是汽车，然后是螺旋桨、喷气式飞机。笔者一直在介绍新型交通工具，只是搭乘并驾驶的是你们，换乘还需要新的驾驶执照，而不断获取新的执照需要花费一生的时间。

▼首先是“学习”，“思考”是愚蠢的

这称为“构想主义”。表 1-1-2 中列出了具体内容。

表 1-1-2　易混淆的两条不同轨道

冒险	理想主义	生存意义和做事的意义	与人们的幸福相关的努力	艰苦工作	长期计划	按照顺序	从先例学习教训（常规做法）
放弃	宿命主义	仅是做事的意义	仅是自己受益的努力	安逸悠闲	短期决战	随便一想	独创一派灵感（不学习）

如果以连锁化为目标，自然要以上面一行的内容为方向。不局限于个人利益，以向他人做贡献为前提的话，必然是一项艰难工作，长期的投入是必要的。

越是深究构想，顺序则越成为关键，凭一时的想法很难实现。也就是说不是独创一派或灵感，而是经验法则区分了成功案例和失败案例，不断学习的态度是不可或缺的。因为重要的不是思考，而是学习。

我们不得不认为“思考”是愚蠢的，因为那是自认为自己是天才的行为。爱迪生、爱因斯坦的工作也不是从零开始，而是积累而成的。正因为他们学习了前人的所有经验，才成就了伟大的事业。因此必须牢记，首先要学习。

然后树立我们要用自己的双手创造目前尚没有的富裕社会的目标。立足于这个构想主义是一切的开始。

但这么说必定会招来如下的反驳。

“与第 1 组的跃进时代不同，如今并不是能发展 500 家、1000 家店铺的时代。在竞争激烈而市场份额没有增长时，渥美

之言不切实际。”

但是，笔者希望你考虑一下。与 20 世纪 70 年代、80 年代相比，现在人口有所减少吗？不，在增长。人们不再在外用餐了吗？没有这回事，在外用餐的比率在增加，人们更乐意在外用餐。

也就是说，你的店里没有客人、店铺数不增加的原因是，以前连锁集团为顾客提供的利益、便利，你的店里没有。你的公司能销售多少？从餐饮市场整体来看，是不是规模小得即使在显微镜下也难以窥见？只有你的公司年销售额在 10 兆日元以上，市场份额才与你的公司业绩相关。

▼维持中小型的生意没有意义

表 1-1-3 汇总了以上的内容。

表 1-1-3　Big 化的开端

1. 发展初期的规模都小（ × 我们中小企业、零售企业……）	改变构想
2. 热情（ × 放弃）	
3. 描绘构想（ × 逐步）	
4. 学习最佳方法（经验法则、理论）（ × 自创一派）	改变方法
5. 从重要的事情开始切实实行	
6. 汇集、培养人才（ × 只有工作人员、只是发号令）	改变程序
7. 筹集资金（ × 随意）	
8. 工作变得有趣（ × 放弃兴趣爱好和体育运动）	改变生活方式

正如前面叙述的那样，40 年前笔者周围的餐饮业都是年销售不足 1000 万日元的小型企业。但是，每当他们谈及“因为我们是中小企业”时，笔者总是说“请收回您的话”。

笔者会接着对他们说："不必因为企业现在是中小型而感到羞愧。但维持中小企业[①]10 年、20 年的话，则应该感到羞耻。没有顾客是因为不能提供给顾客相应的利益。作为生意，这种状态持续 10 年、20 年是没有意义的。维持现状可以被认为是浪费人生。"

笔者不断地要求他们保持学习的态度，所以他们产生了热情。其原动力是顾客数的增加，加上明确的构想，就给连锁化开了个头。

也就是构想的变化。其结果是方法和顺序发生变化，甚至领导人自身的生存方式也发生变化。切实履行这些过程的结果是客流量的不断增加，不仅公司内部培养了人才、积累了资金，工作也变得特别快乐。而且普通人难以想象的苛刻劳动也不再辛苦。因为做的事有意义，所以自然会成功。

笔者想问问立志于从事餐饮业的人们。

让无可替代、仅一次的人生熊熊燃烧呢？还是怠惰散漫、醉生梦死而终了一生呢？

人生的分叉点就是现在。如果想用一生投入到该项事业上，则必须马上开始学习。

① 中小企业（small and medium-size businesses）在商业、服务业中一般指员工 50 人以下规模的企业。

2 要理解、确立战略和战术

前面也曾稍谈及过，首先必须明确区分战略、经营战略和战术。在日本的餐饮业，这三个词常被混淆。有人认为经营战略就是战略，有人以战术一词概而论之。

如果要扩大规模，就必须明确区分，而且要清晰表明三者的内涵。表 1–2–1 概括了这些内容。

表 1–2–1 “战略”“经营战略”“战术”的区分

	战略	经营战略	战术
目的	确定基础	扩大规模	经营管理能力（收益）
定义	为了 20—30 年后的长期计划	为顺应潮流而每 5 年、7 年、10 年变更计划	为解决课题的具体方法
内容的变化	10 年以上不变化	5—15 年之间完全改变	每年、每月逐渐改善
重点	(1) 资金量和资产的种类 (2) 人才的质和量	(1) 更新设备 (2) 业态类型	(1) 培训教育的内容和方法 (2) 在现场普及体系 (3) 评价尺度
实行者	极少数者	相对较少的人员	多数人员
制订草案的负责人	目标 = 社长 计划 = 员工	高层管理者 具体由现场生产员工负责	专业人士（管理职位） 由不同的担当者实行
关键	①集中主义 ②社长决定	①先发制人主义 ②经营管理（明确的数字依据）	①第一主义 ②连锁店技术的取得和贯彻

（续表）

	战略	经营战略	战术
陷阱	①方针不明确 ②遗漏无人指出 ③无制度	①和风俗混淆 ②对美国情况的无知和不关心 ③过大投资和过多借款	①用努力和辛苦工作主义敷衍 ②参观学习（店铺比较）不够 ③依赖硬件
失败原因	①守旧本能；②过分自信（自创一派）；③准确信息的不足（与分店经营相混淆）		
条件	政策不会因行业不同而变化，而因店铺数量、规模的不同而变化		

▼所谓战略是指长期作战的轨道，20 年至 30 年不会改变

首先，所谓战略是指企业应持续 20 年至 30 年的长期作战的轨道，是不可更改的原则。

那么，其包含怎样的内容呢？首先是经营的目的。开创事业之初，经营者指出，企业的目的不仅是为了赚钱，也是为了为社会做出一定的贡献。然而，10 年过后，大家看到的是很多经营者只是赤裸裸地为了赚钱。“为了什么而经营？”这个目的必须明确。

经营目的明确了，接下来必须确立的是资金和资产[①]对策、人才对策，这是非常重要而且很难的部分。

例如，为扩大企业规模就必须增加资金、提高自有资本构

① 资产（assets）指企业所有的物品和债权的总和。1 年内可周转现金的资产称为流动资产，周转期超过 1 年的称为固定资产。

成比率[①]。而且，合作的金融单位应采取从最初的日本政策金融公库向信用金库、地方银行、大型都市银行等转换的对策。为此，需要有作为法人的担保能力。

但是，为提高担保能力，单单积累资金是不行的，法人所拥有的资产的时价必须增值。也就是说使每坪30万日元购买的不动产增值为60万日元或70万日元的资产对策是必要的。当然，为达到这个目的，要花10年、20年的时间。店铺也只有在以何种计划开设店铺这一商业圈对策之下才能成为有效资产。

也就是说为稳定资产，需要10年以上、有时甚至30年的不断努力。餐饮业之所以被称为“靠人气维持的生意”，是因为这项对策在3年或5年间就会完全改变。这点也是作为产业被轻视的原因所在。

▼资金、资产对策和人才对策是社长的责任

关于人才对策，将录用的大学生培养为独当一面的人才需要20年以上的教育培养。人类过去的历史已经证明，无论是哪个领域，掌握高等技术[②]需要数十年的时间。更何况是在技术革新日新月异的21世纪，没有长期的教育计划是不可能在竞争中取胜的。

---

① 自有资本构成比率（ratio of owned capital to total capital）指总资本中自有资本的比率。这个比率越高安全性就越高。对企业发展而言，这个数值必须达30%以上，较理想的是超过40%。提高该比率的方法是积累纯利润和增加资金。

② 技术（special ability, know-how）指能完成一般人难以做到的特别的方法和程序，连锁店的专业人士必须具备的能力。

既然目标是连锁店，而不是分店经营，那么如果没有 100 人以上的高等技术人才，就不能持续为社会做出贡献。当然，必要的人员计划、教育对策、为其服务的劳务管理对策的基本体系是 10 年至 30 年不能变更的。

前面列举了日本餐饮企业中成为巨头的例子，那些企业的共同点就是数十年没有改变轨道。这才是持续发展的最大原因所在。

这就是战略，责任在社长。如果有会长、社长、董事的话，则是会长；如果有社长、董事、常务的话，则是社长负责该问题。

▼所谓经营战略是指顺应潮流的计划，10 年就应该改变

另一方面，所谓经营战略是指与战略不同的、在某种意义上相反的内容。

用一句话概括就是“顺应潮流的计划”。因此，每 5 年至 10 年，最长 15 年，必须改变内容。

具有代表性的是店铺的选址。其次还有房屋设备和构造、使用的器械等。关于这些，各个时期该如何选择就是经营战略。也就是说以 10 年左右为周期必然进行这些革新。

餐饮业中最容易被忘记的是食材和消耗品的选择。越是生意兴隆的店铺、知名店铺，10 年、有时甚至是 30 年都不会改变交易方，这是阻碍经营发展的要因。能保持 10 年以上持续兴隆的店铺极少的原因就在于此。

▼经营战略是决定什么时候改变什么

可以说，教育也是一样的。即使依据战略，教育计划的轨道是确定的，但是使用的教科书的内容最长 10 年必须更新。因为，即使是店铺现场的一项工作，其体系也是会改变的。

例如，店铺使用的地板板材有所改变的话，相应的清扫指南也必须改变，打扫时使用的工具、消耗品也会改变。但事实上，很多日本的餐饮业 10 年、15 年都不改变现场的操作指南。结果，店铺里完全不再使用指南，办公室的角落里常会积起灰尘。

与其说这个问题必须改变，不如说“改变是理所当然的”，并以此为前提展开工作。哪个项目、以几年为周期进行更新，又该如何探讨，将这一系列问题作为制度予以确定。这就是经营战略。

这个经营战略问题是公司“二把手”的工作。会长制的话则是社长，社长是最高层的话，则由董事担当并负责落实。

▼发现“本公司在技术上的落后”是战术的基本

第三个战术是有关日新月异、不断改善的技术的计划。

涉及范围是工具、业务的进展方式等，并不确定。但是，不变的视角是:“我公司是否落后于其他公司了”，以前曾从各个角度进行探讨而选择的最佳做法，仔细一想也有 5 年了，与其他公司相比大幅落后，这样的事很多。其契机往往是从其他公司引入的人才指出了“以前的公司是这么做的”，由此才觉察到本公司的落后。

因此，战术问题就是要认为什么时候都会有比现在更好的做法。以此为前提，明确今后 1 年的工作内容和方式，以 1 个月或 13 周为单位，探讨具体的步骤。也就是每年发现 1 次“本公司的落后”，并将其作为问题是战术问题的基本。

新的工具、业务的进展方式，也即战术，重要的不是“追加”而是“更新”。废除旧的，替换成更好的。因为如果不这样，就不能称为新战术。

战术问题由于范围广，所以需要由多人分担。每个担当领域由多位董事负责，各专业领域由部长、室长担当。这样的分级管理方法不可或缺。

▼现在能做的“新事物”是花费 20 年至 30 年以上的战略的结果

整理汇总以上所述内容后如下。

战略可以说是经营基础，对企业而言，会在 20 年、30 年后起作用。反言之，现在能做的新事物是在过去 20 年至 30 年坚持的战略的结果。人们常认为社长各时期的决断很重要，但事实并非如此。正因为有了靠战略积蓄的资产、人才，才有了发展新事物的可能。

关于经营战略，究其根本，是“交通工具的换乘”问题。前面也有谈及，从摩托车向汽车，然后是螺旋桨、喷气式飞机的转换，如果做到的话，就能一下子加快扩大规模的速度。10 年间从 10 家店铺增至 20 家，与从 10 家店铺增至 150 家的不同，源于是否换乘了符合发展趋势的交通工具，换言之，源于是否有经营战略。

最后谈及的战术是与企业收益直接相关的问题。经营陷入窘境的企业、直面困难的大企业，无一例外都是因为疏忽了新技术问题，即战术上的滞后。

▼经营战略、战略、战术均由 1 人担当的话会半途而废

严格区分经营战略、战略、战术，明确重点后进行设定是关键。其要点如表 1-2-1 所示。

战略问题中重要的是“集中主义”。就人才对策而言，并不是同时培养 10 人，而是首先集中培养自己的 1 位得力助手。然后和得力助手一起合力培养下一位。

经营战略是“先发制人主义”。即要先于他人更换交通工具。其他公司还是自行车的时候，我方则是汽车，对方是螺旋桨的时候，我方则是喷气式飞机，不这样的话，就难以在竞争中取胜。战术的“第一主义”是指各个时期选择最佳的方式。

还有一个重要的是，高层管理[①]的职责分担。经营战略、战略、战术是否由不同的人来负责。详细如表 1-2-2 所示。这是连锁店百年历史呈现的最为重要的、成功的经验法则。

---

① 高层管理（top management），该词表达经营管理活动的高层负责人时是指董事、全体理事。但是，该词也含有决定方针、政策，指示职务的意思，有时也同行政（administration）。

表 1-2-2 经营战略、战略、战术的区别使用

人的区别	NO.1	NO.2	NO.3
任务	· 战略（人和资金的准备）	· 经营战略（交通工具）	· 战术（技术）
A	· 赤字事业的整编	· 店铺和商业圈的集团整编	· 赤字部门的废除
B	· 商品部和店铺运营的权限变更 · 新业态类型的决定	· 品种数的削减 · 部门和价格区间的减少 · 分类的变更 · 商品（主力柜台）开发 · 治理库存不足	· 布局变更 · 每坪投资额的减少 · 营业利润的确保
C	· 经营管理部门职位的增加	· DC、PC、TC、中央厨房功能的扩大 · 作业体系的大转换 · 作业手册的再编	· 作业总人工工时的大幅削减（→每人面积的扩大→人均每小时收益的大幅提高）
D	· 合并（× 合作、交叉持股） · 大量物色人才	· 小商圈业态类型的建立（建立优势区域） · 人事、评价制度的标准化	· 备齐基本品（与生活密切相关型的实现） · 发展店铺、商品管理、作业方法的标准化
E	· 标准化（3S 主义）的推进	· 通过适当规模 +SC 集聚化发展多家店铺	· 现有店铺业绩的提高
F	· 董事和企业高级干部的评价	· 全体专业人士评价	· 劳务环境的改善
G	· 调查出差、理论教育和工作调动的重点预算化	· 设置计划小组	· 责任体系
H	· 股份持有比率的变更 · 发展主要银行 · 增资计划	· 制作可用的数值表	· output management 和 communication（对话和讨论）的普及
I	· 教育体系的再构筑	· 50 岁、40 岁一代的紧急教育	· 资格考试制度和 30 岁、40 岁一代的教育
J	· 明示体系的建立、企业文化创造的方向和轨道	· 作业、管理、信息体系更新的调查和实验	· 普及新体系的教育 · 彻底指导和督查

但是，很多中小型企业要么责任不清，要么由社长一人负责。那样的话，一切都会半途而废。只有高层管理者分担三部分，从各自不同的立场参与讨论才能产生紧张感，工作的实效性才会提高。所以，即使在初始阶段由 1 人承担，也应尽快培育人才、分担任务。

▼企业规模由社长的关心之所在决定

表 1-2-3 汇总了不同企业规模社长的关心所在及其不同。战略、经营战略、战术的有无及从事方法的不同会明确地反映在企业规模中。

表 1-2-3　一般不同企业规模经营者的关心倾向的特点

A. 小型店 = 接待客人、重新装修、促销手段（提高销售效率主义）
< 不满 10 亿日元 >= 千方百计地推销
B. 中型店 = 数据分析管理、提高工作积极性
< 不满 50 亿日元 >= 部分战术和极少的经营战略
C. C 级大型店 = 大量进货型（一代 20 年的生意）
< 不满 300 亿日元 >= 以经营战略为中心
D. B 级大型店 = 组织管理和劳动条件的改革
< 不满 1000 亿日元 >= 战术很彻底，但是经营战略低迷（二代情况每况愈下）
E. A 级大型店 = 立志发展连锁店的企业 = 专业人士的培养、法人资产的积累
< 1000 亿日元以上 >= 以战略为中心

例如，年销售额大于 10 亿、小于 50 亿日元的企业仅进行数据分析管理。关于组织问题，特别是人员的配置等没有技术积累，其弊端使得发展超 50 亿日元的壁垒更加显著。

年销售额不足 300 亿日元的企业常常是社长自己负责进货。日本的餐饮企业中，这种倾向很明显。所以社长思考的总是商

品对策，持续如此的话企业不可能有所发展。当想方设法予以突破、接近 1000 亿日元时，企业组织将直面这样的一个问题，也即企业无法如社长设想的那样运作。这样一来，社长常会为经营战略问题而大伤脑筋。

然而，达到如此规模的公司社长原本应思考的是战略问题，如何培养专业人士、如何积累法人资金以备将来的不时之需。只有社长的关心转向这些问题，企业才有可能进行真正的连锁化。

设定想要实现的构想，描绘达成这个目标的轨道（战略），改乘顺应潮流的交通工具（经营战略），各时间段选择更好的方法（战术），这是连锁化的规则。希望大家牢记，重要的是首先要深刻理解这 3 个词的意思，然后贯彻执行。

3 M&A 的成功条件指什么

第 2 章以后将详细解说经营战略和战术的内容。在那之前，我们先来谈一下对今后的餐饮服务业而言最重要的战略问题——兼并和收购（M&A）。因为在 21 世纪这个真正的竞争时代，M&A 是不可或缺的。

▼目的是确保人才，企业文化需从头打造

M&A 并不是企业的维持策略、增殖对策，也不是为了保全经营者一家的利益和地位。那么，M&A 的本质是什么，其由以下 5 部分组成。

①人力的获得

人到能发挥技术为止需要最少 15 年至 20 年的培养。而专业人士则平均需要 20 年至 30 年。缩短培养时间的唯一方法是兼并，即兼并方必须是拥有优质人才的企业。如果双方拥有不同性质的人才，兼并会越有利。

②企业文化的创造

必须通过 M&A，创造出全新的企业文化[①]。这需要两家企业彻底告别过去。即使过去是同一行业，企业也非常相似，合并

① 即 corporate culture，指企业拥有的独特思想和行动上的特征。指在各种事象中，企业工作人员共同表现出来的直觉认识，以及持续而共同的行动方式和水准。

后的企业文化也必须是不同的，需要以破旧迎新之气进行合并、创建全新且强有力的企业文化。

③战斗力的强化

重要的是强化通过①和②获得的战斗力，如商品力、店铺发展力、经营体系等。所谓店铺发展力的强化集中表现为优势区域的建立。此外，对于经营体系的强化来说不可或缺的是 IT[①] 工具的统一化。信息统合应该是可能的，然而现实中很多企业都在艰苦作战。这是因为，企业使用的设备和系统不同，使得为统一需要花费巨额资金。

④股票价值的保全

⑤社会贡献的扩大

这两点是 M&A 成功的结果。关键全在于是否能有效地实行①—③。

▼每 13 周回顾一次短期对策，以衡量长期对策的进展

收购的最大目的是收益性和成长性的扩大。为达到此目的，关键是双方的长期和短期对策。合并 1 个月左右是绝对不会产生效果的。实际上，合并之初往往净是亏损。5 年后或 10 年后才会显示出成效。通过 5—10 年后对以下 5 个项目的评分、测量是否进行了人才革新和商品改良，以判断 M&A 的成功与否。

①物色大量人才

②招聘力的增强

---

① 即 information technology，指有效利用计算机的信息系统创建的技术总称。能否对其进行有效利用决定了企业的竞争力和生存力。

③精炼商品构成[①]（低价格化）

④主力商品的确立

⑤优势区域的建立

为完成这 5 个项目，短期对策是必要的。短期对策中必须实行以下 3 个项目，这也是最难的课题。

①中央厨房的统一（店铺内业种的大幅度削减、完全作业化、库存不足的对策）

②各品种的大量化

③作业体系的转换 = 人工工时数的大幅度削减

必须以 13 周为单位，每年 4 次对这些内容进行分析，衡量短期对策的进展，测定 5 个长期目标的完成状况。

特别需要注意的是③的作业体系的转换。在合并过程中，往往容易进行的是体系的矫正和折中，然而舍弃两家公司的一部分、采用另外一部分的做法没有意义。因此，需要废除所有的既存机制、从零开始重新创建。重点是按照教育、财务，然后商品部、店铺开发的顺序实施。

从这个意义上来说，不该进行对等合并。同样，吸收合并也不好。最好的办法是要有从头开始创建新公司的想法。这样所有员工才不会再有重生的想法，而会以创新体制为目标。

此外，合并时必须要注意的是不可再使用以往的计算项目和图表。最近不断增加的股份公司在经营合并过程中，由于经营效率数值的各单位的平均值、最大值、最小值由一部分干部

---

① 即 line-robbing line，指各品种中从属于特定价格区间的商品，robbing 是指夺取。缩小各品种售价的上下区间后，备齐在同一 TPOS（生活场景）中同时使用的品种。

秘密掌握，所以很难进行改革。越是大型企业，经营效率数值越会成为数据分析管理的重点，但很多情况不仅是外部，连内部也不知晓。这样的话，就无法进行经营革新。

▼获得成功的条件始自消耗品的统一采购

人事制度的统一是合并不可或缺的。如果有工会的话，那么其统一也是不可或缺的。然后，需要完成以下 5 个项目。

①资格考试制度的统一并严格实施

②按照上级人事数值责任制，采用客观评价制度

③经营者的无私（清廉）

（1）政策对立的讨论

（2）原社长一律作为资本家，只留一位同族

（3）切断原社长的关系交易方

④商品部的统一化（同一分类禁止 2 人制）

⑤比起营业额，更要以销售量、成本削减（收益性）为指标

那么，以此条件为基础，该从何开始呢？

在经营活动共同化的过程中，必要的是统一采购，而不是眼前销售规模的扩大。其中，首先应该做的是将最容易实行的消耗品的采购统一化。之后，再统一搬运、陈列、加工器械和建筑材料的采购。

然后，再转向食品材料问题。在 M&A 之际，有的企业最初

着手的是产品开发和品牌商品[1]的开发。但是，比起从那些比较困难的事入手，应该首先关注的是统一食品材料等容易实行的项目。

统合初期应以逐渐培养连带感为主。但是，即便如此也还会存在不平、不满的情绪，所以必须设定谈判者和方针决定者的职位，以使既定事项更容易实现和确定方向。然后，以商品部的统合和活跃的人事交流为目标。这是 M&A 取得成功的绝对条件。

---

① 即 private brand(label)，指在尚无国际商标的商品领域，连锁店通过新生产、制订集货体系而开发的商品。以品质的权衡为特征，与商店品牌相区别。一般以业界常识或类似的国际品牌商品三分之一左右的价格为目标。当然，商品和材料的做法均由采购销售负责人重新打造。

第 2 章

人才培养和制订评价体系

1　明示有体系的职业计划是不可或缺的

上一章谈到实现构想的原动力是人才对策，而且也指出了作为企业长期作战方向的战略，人才对策是应由社长负责的最为重要的课题。将录用的大学生培养成人才需要 20 年以上的职业培训。

那么，具体而言，关于人才教育，哪些措施是必需的呢？以此为基础的评价该是怎样的？在这一章中我们将理清这些问题。

▼作为目标，首先要明确对社会的贡献度

如今，在流通业界，营业额达 1 兆日元以上的知名大企业有几家。学生们在求职时首先关心的是企业的规模和知名度。但是，随着他们对信息广泛而深入地收集，最终他们决定供职单位的关键是该企业是否有明确的构想、对社会做出了多大的贡献。

例如，在企业文化说明会上，无论是哪家企业，都会宣传其销售额之高。但是，高中生、大学生往往不清楚 100 亿日元、1000 亿日元等销售额规模的不同。

因此，企业首先应明示顾客数和店铺数的增加。由此，学生才能把握其对社会的贡献，求职者才能汇集而来。说明本公司如何与人们的生活密切相关是第一准则。

此外，还有一点很重要，社长、董事、部长、科长、股长、

录用负责人等都应使用相同的语言和表达方式说明企业的构想和理念。

如果构想和理念因说明人不同而不同的话，那么，求职学生就会感到混乱而完全不能把握企业的状况。

▼重要的是明确 45 岁前能习得的能力

学生在进行求职活动时，存在仅关注初次任职工资的倾向。但是，这并不是本质问题。在餐饮业中，有的企业支付给四年制大学毕业生高于行情的月薪，然而往往就是这样的企业，很多都不支付星期日加班费和超过正式规定工作时间的加班补贴。

入职时支付高薪水不可能确保人才，因为重要的不是“现在的薪水”。特别应该注意的是，作为一家之主，家庭支出最多的 45 岁左右的薪水能有多少。为了客观地证明这些，需要明确例如今后 10 年、20 年，店长有几人，采购负责人有几人，此外，店铺运营部长级有几人，年收入 1000 万日元以上的有几人。

此外，企业需要告知那些想向这些职位挑战的人，大门永远是敞开的。

为了让求职者将无可替代的人生倾注在这份工作上，重要的是明确 45 岁左右为止能获得怎样的技术这一人生规划。招聘员工时，双方应谈妥教育规划——获得无论去哪个国家，无论从事哪项工作都能通用的技术。

假如 50 岁左右从现在的公司辞职，此时重要的并不是至今为止获得了多少收入，而是是否成为用客观标准来衡量的、国际通用的高水准专业人士。这是对于 21 世纪人而言最为重要的主题。

▼明确实现人生规划的步骤

必须明确说明本公司的工作环境。特别是必须告知以下三项。

首先，详细说明劳动基准法有关的必要就业规则①。

其次，告知工资体系、评价尺度、劳动环境等及今后将如何改善。日本餐饮业的评价制度往往是以上司的主观评价为尺度，所以必须提示出将此更改为客观评价的计划。

第三，作为知识教育，需要说明完全作业②的概念。就店铺、中央厨房而言，作业种类就有 100 种以上，需要明示各自都是为了什么而进行作业。然后，根据难易程度的不同，说明应该先掌握哪项作业。重要的是以流程图说明今后 1 至 3 年应掌握的课题。

但是，大部分餐饮企业都没有设定标准化的规则，有很多对完全作业这一概念不清楚的例子。而且，这些作业需要从业员的努力才能完成，所以这就成了一个很大的问题。

即便是好不容易进入了企业，也很难描绘出将来的方向和道路。这也是餐饮业人才不足的主要原因。对企业方而言，当务之急是说明完全作业是什么，并制订规则和手册。

---

① employment contracts 指经营者和从业者代表为从业者制定的有关劳动条件和行动基准的劳动契约。

② work 指构成工作（job）的要素，有序组合几项动作以达成某个目的。

▼“店长 = 员工”的话，会造成人才的浪费

应让员工在 20 岁至 30 岁期间在店铺、中央厨房掌握现场技术。其中，店长一职应作为成为专业人士的必经过程。

然后，在 35 岁左右，需要确立以下两条路线。即，要么让其在本部进行调查、实验，作为作业体系设计的专业人士进行培养，要么让其在店铺运营部门，作为地区经理、区域总负责人进行培养。

20 岁被分配在本部，之后的 10 年、15 年一直在本部持续工作的话，那么其在 30 岁时，能力就不再提升了。10 年间，企业的营业额、店铺规模等都会发生很大变化。与此相应地，体系也会发生变化，长期待在本部，就很难察觉到现场的问题点。

也就是说，在餐饮业，20 岁、30 岁时担任店长一职是为谋求晋升不可回避的龙门。在此意义上，将店长一职等同为员工的话，是一个很大的问题。那样的企业不过是视员工为“工具”、让其半永久地从事肉体劳动的低劣企业而已。

如果现在面对新入职员的提问，“今后 20 年在这个企业工作的话，我将会有怎样的发展？”你的公司对此能给出明确的解答吗？

不能回答此问题是因为企业只是将生意视作赚钱，或者为了经营者一方的利益和获得增加资产的工具，而将具有发展潜力的年轻人作为肉体劳动者。

▼必要的能力改变效率

将店长作为员工、肉体劳动者任意驱使的倾向之所以没有改

变，是因为对店长的能力期待不清或者错误。而这个问题不仅是店长一职，是所有职位[①]的通病。这点可以说是日本餐饮业的最大问题。

经营效果完全由数字来体现。企业发展所需的人才的能力也是一样的。

具体而言，①用数值表示所有事物的能力，或者用数值表达的能力；②逻辑推导数值原因的能力。只有均衡具备这两点，才可以说是“能力高”。这里所说的“数值”是指每类商品的销售量、毛利润、人均每小时利润、每坪的营业纯利润等。

不管怎样，需要在个人和公司之间缔结以表示经营效率的某个数值的实现为职责、某个数值的达成为目标的责任契约。我们将此称为数值责任制。只有在这个得以实现时，才具备对商业中的体系进行分工的能力。而且，只有在具备这个能力时，才能被评价为21世纪商界的“技术者”。

遗憾的是，很多企业都没有对这个必要能力的相应解释，这是日本餐饮业的实情。关于这点，最明显的是有关负责店铺现场指挥的店长的能力。

▼“聘请有能力的人当店长”的错误

关于店长的能力问题，将在之后的组织对策的章节中做详

① position 个人被期待的工作内容。企业经营管理者、××采购销售负责人、监督员等是职位的名称。职位是指职员被分配的全部工作，其中上级命令、具体指派的是职务。

细的论述。如果用一句话来概括日本餐饮业的错误的话，则是“聘请有能力的人当店长”。这听起来或许有点像悖论，但这才是妨碍企业发展的根本性的误解。

40 多年前，笔者刚开始担任企业顾问。当时，无论是零售业还是餐饮业，都为了扩大企业规模而将提高卖场销售效率、每坪的营业额当作课题。但是，之后在扩大企业规模上成功的是以绝对顾客数的增加、店铺数增加为课题而努力的企业，而不是以提高卖场销售效率为目标的企业。所以理论上，店铺面积不断增加，即使每坪的营业额有所减少，作为企业总体的营业额规模也会得以扩大。

餐饮业中常见的是分店经营[①]，增设卖场销售效率高的店铺，并大规模地培养具备此能力的店长。这种做法将公司内最优秀的职员不断提拔为店长，并使他们个人的智慧和努力发挥到极限。实际上这也形成了各店铺之间营业额的竞争。

这种做法对 5 家至 7 家店铺规模的情况确实能发挥最大效果。但超过 30 家的话，店铺的业绩就会参差不齐，因为店铺业绩完全依赖于店长个人，所以这也不可避免。一方面是业绩非常好的店铺，另一方面也必然会有大量亏损的店铺。然后，在某个时期，半数以上的店铺都一下子陷入亏空。这是过去日本餐饮业数次发生过的问题。

---

① branch management 指各家店铺进行独自营业的商业经营体系。政策、金融、人事、计测制度由本公司决定，5–7 个分店是上限。

▼与其奖励创意，不如将经验法则作为经营准则传授

如果采用该方法论，那么店长教育的目的则是为了培养不断有创新并能无限驱使部下的店长，而不是为了防止店铺之间的不平衡。那样的话，欧美 150 年、日本也有近半个世纪的餐饮业的盛衰的经验法则、经营准则就完全不会教给店长了。

真正取得连锁经营成功的企业并不是那样的。成功的企业首先在业务体系建立上投入最佳精英。35 岁左右至 49 岁的经验人士反复对店铺的所有作业、组织管理进行调查和实验，逐步建立连锁化不可或缺的标准化[①]规则。

这样的话，就要求店长具有在现场让部下如实贯彻执行企业精英细致制定的“标准”作业的技术。当然，店长本身也需要完全执行各种现场作业，并需要接受充分的训练。

然后，需要培养观察[②]、分析[③]、判断[④]等调查技术。这里所说的调查是指，以既有标准为参照，进行改善、改革，以更符合连锁店经营。也就是说，科学思考的教育作为必需的主题而受到重视。用语言和数值理解并记住至今为止积累的经营准则。这是科学思考的起点。

---

① standardization 指明示作业规则和决定方法，保证无例外操作。

② hard look, close examination 指发现问题点，是“分析”的前一个阶段，不仅仅是观望、注视。

③ analysis 指对“观察”发现的问题点推断其原因和情况，然后在现场以实物对当事者进行“事实确定”。

④ judgement 指改善方案和改革方案，或者应急处理计划、制度变更计划。

▼用 5 年、10 年后的管理能力拉开差距

不经历以上应有的过程，而通过激励方针大量培养店长的话，个人的创意 1 年，最晚 5 年，就会面临枯竭。也就是说，假如 20 岁就被提拔为店长，但 35 岁后正当为企业做贡献时，却已经不再有任何新的创意了。所以，就只能强迫部下做重体力劳动。

与此相对地，掌握了基于某个标准的完全作业及科学思考和经营准则的店长，即便在一开始的 2 至 3 年间没有什么特别的贡献，但是 5 年后、10 年后就会具有优秀的管理能力。而且，由于经历了科学调查、实验等环节，还会直接有助于以后标准化的建立。

此外，还能对一度决定的标准进行修正、改善。换言之，能够掌握对于今后的餐饮业而言不可或缺的科学、逻辑、量化判断事物的管理能力。

体系化的职业培训的制订，必须以这样的能力开发为基础。

2　连锁经营应有的教育培训计划

▼一开始就不要赞扬耍小聪明的人

以此为前提，餐饮业的教育培训计划首先必须完全掌握基础作业。在此必须要注意的是，尽管能力有所不同，但一般而言，餐饮业 1 年能掌握的基础作业最多为 10 至 20 种。

如果进公司 1 年内掌握的基础作业超过 25 种，就不会是完全掌握。要么是不完全掌握，要么是应掌握的作业手册[①]是不完整的。结果当事人一直处在不熟练的状态。

为防止该现象的发生，企业必须事先详细说明进公司 1 个月、半年、1 年等各阶段能达到的能力评价的尺度。当然，对于负责培训的一方，也需要预先告知教育的内容和训练的重点。

此外，对新职员富有创造性的开拓能力的期待，至少也要在其进公司 3 年以后。因为，在进公司后不久，就以积极性、行动力等予以评价的话，只会让一些耍小聪明的人得势，而踏踏实实想要掌握工作的人则不会得到正确评价。结果企业可能会失去真正优秀的人才。

日本餐饮业的很多企业，没有这样的职业培训计划，也没

① manual 指标准化工作的作业程序指示手册。是一种作业命令的完整文书。用工具、动作、顺序等细致、具体地描述了各种作业的方法。不仅使用文字，也使用图形（版面图、pert 图、素描、连环画等）、记号、数字等表达。

有教材，而是强调精神论，努力挖掘具有工作激情的职员，注重鼓舞士气的策略。这对于企业而言、职员的将来而言，决不是有利的。

▼教育培训计划的同时，还要重视调动计划

明确了进公司1年、2年、3年的中期人才培养对策后，当然还需要在招聘新人后告知新职员，将来至少10年、20年的教育培训计划。

然后，应在进公司后的3个月内教给新职员该如何有效利用教育培训计划的内容。此外，重要的是，这里所说的教育培训计划不仅指接受公司内集体培训的机会。

更为重要的是每隔1年半、长的话每隔3年说明10至20年的职位调动方案的种类。只有这样，新职员才知道自身必须按顺序掌握的能力。

不管如何一味理论化、体系化地说明集体教育培训的知识教育计划，也只会被理解为复杂难懂的教养而已。但是，调动计划能表明“成功路线”。

明确了各个时期能受到的相应的知识教育的话，人们就可以更为具体地与自己的人生一同考虑。

当然，企业也必须建好与知识教育相应的体系。

▼必要的4个资格考试制度

该体系的首位是资格考试制度。

连锁店经营必须设定4种资格考试。进入公司3个月后必须为新职员准备好“公司职员资格考试制度”。

然后是 30 岁左右的“专业人士候补[①]资格考试制度”、40 岁后的“专业人士[②]资格考试制度”以及担任董事前的“董事资格考试制度”。事实上，欧美的连锁店都有这样的资格考试制度。

“专业人士候补资格考试”主要考察是否掌握了基本的现场作业。若干理论和效率数值的知识是必要的，但最受重视的是“现场的自我行动能力”。

在通过该项考试前，不论是公司职员还是打零工的，也与年龄无关，支付的报酬都是作业手册中既定的小时工资（全职工作的话则是月薪），也就是实行以手册序号为依据的“实绩工资制”。

另一方面，对通过“专业人士候补资格考试”的人，采用“能力工资制”。此处的要点是，所谓“能力工资”是指“期待工资”，被期待的能力是“为改善所做的努力”。因此，通过“专业人士候补资格考试”的人被要求在任何一个岗位都要反复进行调查和实验，并以此为基础提交改善报告。一些严格的企业甚至要求每年提交 20 份、10 年提交 250 份报告。

通过“专业人士候补资格考试”的人被分为两类，一类编入以体系改革计划为基础的改革企划小组[③]，另一类则派遣其他

---

① trainee 指专业人士候补、干部训练生。

② professional expert 指负责数值的人。特别技术人员，需满足以下条件：（1）拥有全国一等的技术；（2）其技术范围比较具体；（3）至少需要磨炼 15 年的技术；（4）具备创造开拓能力，常常能开发符合时代潮流的新技术；（5）能对企业的收益做出贡献；（6）肩负数值责任；（7）具备领导能力。

③ task force 指为完成重点目标、计划而临时成立的精英机动小组。

工作。

“专业人士资格考试”是关于管理能力的一般考试，并非有关特殊技术的考试。每个职位的合格者被分配数值责任制的同时，之后向以此为基础的完全职务工资制发展。

▼信息公开、门户开放是不可或缺的条件

设定这样的资格考试，对于培养员工的成就感、参与学习的希望和热情非常有效。

但是，必须注意的是，这种制度的适用必须无差别性、对所有人都广开门户。应该无视学历、性别、上司的印象评价、正式职员和计时工的不同等一切差别，机会必须完全平等。

即使在一些资格考试中会设定入公司工作几年的条件，但如果从一开始就歧视计时工，不给予他们机会的话，那么企业将会有巨大的机会损失。

另一个需重视的是，之前所述的长期教育培训以及本公司今后 10 年至 15 年的长期经营计划的概要必须向全部职员公示。其重要性在录用时已经陈述，在初期教育培训阶段更为重要。

对于忙于一线工作的年轻员工而言，越是庞大、具有建设性的企业构想，就越空泛。其原因之一是，大部分的长期经营计划以数字为中心，由一些华丽的辞藻构成。因此，有必要将这些修改为对现场工作人员而言较为切身的内容。为此，需要在公司的发展计划中提供何时需要什么样的职位的信息，以及几年后发展为这般规模，各种类的专业人员分别需要几人，能获得多少年薪等信息。

另一方面，作为经营方的决策，需要以若干数字明确公司

现在的工作条件在 3 年计划、5 年计划中将得到怎样的改善，这点也是有效的。

也就是说，所有方面都要持续向公司内部公开有关人才培养和评价的信息，这是人才对策的关键之一。

3　应建立的评价机制和工资体系

▼根本原因不是工资制度，而是生产效率低下

与教育培训计划同样不可或缺的是，人才评价制度的确立。关于这一点，在“实力主义”的呼吁下，日本的餐饮业也采取了各种各样的措施，但是令人遗憾的是，这些措施的大部分都仅止于“画饼充饥”。其原因是很多制度的建立都作为收益构造上成本削减的一环而展开的。

日本餐饮业的人均年薪为 250 万至 280 万，仅是全体产业界平均值 470 万的一半而已。但是，就劳动分配率而言，连锁店经营管理的上限是 41%，而日本餐饮业大部分是 44%—46%，其中一半以上的企业都濒临破产。

其根本原因并不是工资制度，而是与其他产业相比，作为工资来源的人均劳动产值、人均每小时收益一直处于较低标准。

关于人均劳动产值，整个公司应为每年 1000 万日元以上，店铺应为每年 1200 万日元以上；关于人均每小时收益，整个公司应为 5000 日元以上，店铺应为 6000 日元以上。然而，日本餐饮业的现状是，前项低于 600 万日元，后项不足 3000 日元。

在讨论薪金制度前，有必要先考虑一下增加工资来源的对策。这将在之后的作业体系一章进行详述。只要没有相应的对策，无论采取怎样的措施，都无济于事。

而且，在餐饮业中，从日本《劳动基准法》等法规来看，很多理应支付的不支付，而不该支付的反而支付。作为法治国家的一员，这是最为可耻的。因此，公司应该每年一次对这些方面进行严格的自我反思，将改善对策纳入长期经营计划中。

▼极为模糊的劳动者评价机制和工资体系

在考虑评价体系时，首先必须明确的是包括店铺现场的计时工在内的劳动者的工资体系。

原本考核的方法就很不明确。以直接上司，即店长的印象来决定薪水的场合很多。无论哪家企业都主张采取经验工资制，入社工龄、实际年龄是其判断标准，但是，这决不是以职务履行能力的不同来进行评价的体系。

评价标准是熟练性、协调性、速度、诚实等最难评价和拉开差距的东西。事实上，评价以工作利落敏捷、工作热情高涨、热心等为标准，并由此拉开薪水数值上的差距。所以会导致谁都不能理解在同一单位的 A、B、C 三位职员的小时工资、月薪的差别。甚至连说话方式、标准语的使用方法、工作效率、表情、体形等都会产生影响。

当职员希望自己的小时工资增加 100 日元时，谁都不知道该做怎样的努力才能获得。

因此，餐饮业比其他任何一个产业都强调对企业的忠诚度及对工作的热情和努力。但是，几乎没有给予改变作业方法和商品内容的机会。在工作现场，相同的商品、相同的销售方法、相同的设备，即使采用同样的作业方式，也会被要求做出一定的改善。因此，结果只能通过增加义务加班来证明店方的努力。

而且，问题是企业本部完全没有掌握这一情况。从我们的调查来看，本公司的总务部、财会部、人事部、工资支付计算部门掌握的加班、工作记录中，大概 10%—25% 是错误的。

▼明确完全作业、制订工作手册是不可或缺的

改善方法只有 3 个。

第一，明确工资差别的依据，更改为不同工作类别、不同小时工资的工资体系。为此，需要以难易程度逐一区分店铺现场的工作，然后根据难易程度重新决定工资的不同。

第二，需要以正确的语言和数字来表达完全作业的概念。换言之，必须制作能表现连锁店完全作业的各项作业手册。而且要通俗易懂，保证通过练习谁都能完成完全作业。其原因是，如果公司一方不能以语言和数字表达对员工的期待，那么员工是不能理解的。

手册是教材，也是评价标准。因此，通过“第几项工作的完全作业是这样的”等明确的话语，员工就能了解加薪的具体步骤。只有制定了工作手册，手册本身才能作为教育单元被使用。

第三，在以上两项的基础上，可向所有员工明示教育体系。按照难易程度明示各项单位作业的掌握顺序，也就是说为了挑战手册，首先应该掌握哪项工作。与此相应地，也能了解必要的练习和达到熟练所需的时间。

这样就能确定为了获得一定的小时工资，哪份手册、以怎样的顺序去掌握、需要多少时间等内容。此外，希望缩短时间的话，应如何利用自己的自由时间及休息日、休假，才能拿到

报酬等内容都可纳入到自我提升计划中。

▼雇佣外国人的绝对条件是“完全作业”

这对于考虑作为日本餐饮业重大课题的外国劳动者雇佣问题也是有用的。因为，雇佣外国人与搞清楚“完全作业是什么”相关联。

例如，厨房的烹饪负责人中有外国人，大厅服务员撤下的盘子即使放在他眼前，他也不会去洗。看到这种情况，店长会叱责道“看到盘子去清洗是常识”。但他会说“我并没有接到指示”。这样，店长会认为“外国人不机灵”。这个例子中外国劳动者是对的。因为，不可做未被指派的事。这就是作业管理，作业分配。

关于这点，美国是大前辈了。在美国，大量的移民从事餐饮业的工作，通过移民们的努力，这一方面得到了飞跃发展。因为语言不通，所以只能通过微笑、表情、身体动作等表达意思。这不是平时做好准备就能达成的，而是临场被迫必须习得的技术。语言不通与磨炼真正意义上的交流[①]技术相关联。

因此，在考虑接待客人的问题、完全作业的达成等时，应该以有不懂日语的外国员工的工作场所为示范店铺。因为，无论怎样以其他语言来表达“干净”“认真”“利落”等，也难以表达意思。同样，通过IE方法，进行调查、实验，决定完全作

① communication指由上而下，或者从本公司向分店的意见沟通，也即上司为了向下级说明信息（命令、通知、数表、手册等）并取得理解而所做的努力的总称。

业规则的时候，录用外国人也是有效的。因为只有去除日本不好的习惯和常识，才能严密、公正地制订体系。

对于这样的外国劳动者，应该设定与日本人同样的报酬制度和身份制度，评价尺度中绝对不可设定障碍，不管是无害的还是有害的。

▼ 30 多岁时重要的是教育费，而不是加薪

以完全作业为基础的工资制度在通过 30 岁左右时实行的“专业人士候补资格考试”之前，对所有人都适用。之前也谈及过，只有通过“专业人士候补资格考试”的人才能转为能力工资制。

所谓“能力工资制”，是指对符合某项课题进行调查、实验的能力有所期待而支付工资。“实绩工资制”以不能提高调查、实验的效率这一经验法则为基础。相反，对于他们而言，需要每年提交 25 份以上的调查、实验报告。这是能力工资制的条件。

此处必须注意的是，即使因某种原因不能完成工作，也不能以其为理由而降低薪水。因为，这是对员工能力有所期待的企业方的过错。所以，如前所述，需要严格进行“专业人士候补资格考试”的选拔。

另一个重要内容与教育费相关。30 岁以后，在接受特别教育的个人机会的有无上必须拉开差距。也就是说，对于通过“专业人士候补资格考试”的人，不仅要投入派遣其参加公司外的研讨会等个人教育费，还要进行极其严格的斯巴达式训练。

这项教育费中应特别重视的是，出差差旅费的预算和长期调查出差的带薪休假处理。这与前述的提交调查、实验报告相关联，也作为广泛意义上的教育费，必须提前做好预算。

也就是说，30 多岁工资体系的评价支柱是能力工资制和个人教育费的投入。在这一阶段，决不可特别增加月薪和奖金。这是影响接下来最为重要的 40 多岁时期能力开发的关键点。

▼数值责任制中被要求的数值因职位不同而不同

能连续 10 年完成作为能力工资制基础的调查、实验报告的员工，在 40 岁左右会具备接受“专业人员资格考试”的资格。只有合格后才可进入数值责任制，也就是最正确意义上的职务工资[①]体系。

所谓数值责任制是指企业和个人之间缔结的有关目标效率数值达成的劳动合同。因此，计划数值和实际数值之差就成了问题。其允许范围在试行阶段必须不满 10%、实际不满 5%。也就是说，实际数值低于目标数值 5% 时，会被列为降薪对象。

当然，达到计划数值时，将会有怎样的加薪制度或者给予怎样的特别奖励，这点必须在企业和员工之间达成一致。

在专业人员中，因职位不同，作为评价对象的效率种类、实际的数值也会有所不同。例如，采购担当对每一货品的毛利

---

① classification-based pay 指对于履行职务行为支付的工资制度。各职务的工资被预先决定。这里所说的工资只有在完全履行职务后才会支付，与是否具有完成任务的积极性无关。

负责，负责商品开发的采购销售担当所开发商品的贡献盈余或者各品种的销售量成为评价标准。店铺运营职能[①]的职位，即店长，负责每坪或者每一客席的营业利润。

▼最大的错误是店长的评价标准和低待遇

关于数值责任制，日本的餐饮业中最为常见的错误是店长评价。这就是之前谈到的营业利润。但是，很多日本的餐饮业都将营业额作为评价标准。关于这点，将在之后的“店长的作用”一章中进行详述。由于这个错误，店长应发挥的作用变得模糊，店铺的竞争力也下降。

此外，还有一个最大的问题是对于店长没有适当的待遇。尤其是在店长这一职务中，完全没有各职级[②]的体系。关于这点，应认真向欧美的连锁店学习。

例如，在欧美国家，新商业圈 1 号店的店长享有董事级别的年薪。在实地培训店长候补，教给他们管理技能的管理人培训店的店长，以及作业体系、销售方法、设备等的科学实验中被完全有效利用的店铺的店长，享有本部的部长或科长级别的待遇。此外，为向计时工、新毕业入职的员工、中途录用者等实施基本的作业训练，以十分之一的比例设定的训练店的店长享有地区管理人以上的报酬。

---

① job functions, functional responsibilities 指依据责任种类区分的小组。有以下 5 种：总部事务、后勤服务、现场业务、商品开发、店铺运营。

② job classifications 指根据难易程度区分工作的层级。职务不同工资金额也不同。

其结果是，店长这一职级制薪金的下限和上限之差达到 10:1，或者 20:1，这是欧美连锁店的常识。因此，在欧美国家，连锁店的店长是受到广泛尊敬的、高收入的商业人士。与此相反，在日本常被认为是“以催眠术、情绪化管理现场员工的劳务劳动者”，这是因为企业方制定的制度存在问题。

对于店长一职，只有基于连锁店经营的原理原则，设定客观的评价标准、给予恰当的待遇，才有可能增加店铺的数量。

4 区分物色人才对策的本质和成败与否的关键

▼不要混淆物色人才和中途录用

物色人才①是日本的餐饮业未能形成一定规范的、重要的经营课题之一。其原因是未能理解物色人才的真正意义。结果，物色人才和中途录用常常被混淆。

物色人才，换句话说，就是“录用专业人士”。也就是受到公认的、特定领域的有熟练技能人员，具有20年以上的经验，从年龄来讲超过40岁的人。

关于年龄，烹饪技术者是例外。初中毕业后立即进入烹饪行业的人很多，所以即使经过了20年的学习，也只有35岁。但是，即便是那个年龄，只要拥有一流的烹饪技术，就值得物色。

与此相对，中途录用者的年龄一般在25岁至35岁。如前所述，为培养能独当一面的技术者，企业需要花费20年以上的时间。因此，有必要每年大量中途录用该年龄层的员工。当然，这样的工作人员也必须进行10年至15年的教育培训。

录用后立即能成为战斗力的是“物色人才”。而将需要10年以上教育培训的对象，培养为独当一面人才的是“中途录用”。

---

① executive recruitment 指对在企业工作的人进行工作调整，物色并选募在其他企业工作的人才或候选人。

▼物色的人才即时成为战斗力，其成败两周可辨

我们必须再次确认，所谓物色人才仅指为了弥补本公司技术方面的不足而录用的能即时发挥作用的人。也就是说，既然是以物色人才这一方式聘用的 40 岁以上的技术人员，那么最低条件是，录用后两个星期就必须能对社长做出有价值的发言，如：本公司的现状分析、现状批判、以此为基础的新体系的提案等。

但是，当笔者接受日本餐饮业社长有关人才物色的咨询，问及“物色该人才后，你从他那儿听到了什么样的新建议”时，很多社长都不能明确、具体地予以回答。这只能说是“物色人才的失败”。

如果是值得物色的人才，那么他在进入公司前就应该对该公司或者店铺进行过独自调查。进入公司后数日，就该能预见自己将被分配的职位或职务，也会了解工作环境、设备以及若干基础数据。所以，两周后就应该能撰写详细的现状分析报告和改善、改革的提案。

这必须在录用前就明确约定。但是，物色人才的现状是公司方的要求不清，一味地谈及收入和待遇。这样的话，在公司内努力了 10 年、20 年，甚至 30 年的职员就会认为物色人才是社长的“变心”，从而丧失忠诚心和信赖感。

▼问题是不去寻找人才，而不是没有人才

以此为前提，首先必须搞清楚哪个部门需要物色人才。这是指“当感到以现在拥有的人力难以完成必要业务时，能力不

足的职位”。

例如，某个快速发展的企业，包括部长、室主任、董事在内干部有 10 人，那么其中 6 人应是过去 5 年间新物色的人才。如果有干部 30 人，那么其中 20 人应是过去 5 年内物色的人才。

然而日本餐饮业的现状是，社长周围的 10 人中，属于新物色的不足一成。而且，其成员很多是10年以上从未有过变化的。

当向这些社长问及“为何不积极物色人才”时，大部分人都回答“找不到好人才”。与此相对，当被问及“你近 1 个月或者今年在物色人才的对策上花了多少时间”时，大部分人都回答“0”。也就是说，并不是没有好人才，而是人主观地认为没有而没去寻找。

没有积极物色人才的另一个理由是“因为物色人才会有损原有干部的士气”。这主要是因为过去社长进行了错误的人才物色，轻视了一直努力的干部，让周围的人灰心丧气。真正的人才的物色并非如此，而是周围的员工能欣喜地说：“多亏 A 来了，我们才掌握了这么高的技术。”“知识水平高了。”

▼首先需要的是生产管理的 IE 技术人才

那么，日本餐饮业现在需要物色人才的部门是哪个呢？第一个是生产管理部门。当然，中央厨房、店铺现场也都是需要的，但特别需要的是具有工程管理、质量管理、材料管理技术的人才。其次是有国际视野的、资源信息部的人才。

在这些职位上，有基础 IE[①] 技术的人才，即理科毕业的人才是物色的对象。

所以，即使原来的工作单位并不直接与餐饮业相关也没有任何关系，家电制造商、服饰厂商都可以。必要的是在生产管理这一领域共通的技术理论体系，积累了数十年实务经验的人对于今后的餐饮业而言是最需要的。

相反，经常有银行出身的分店管理人担当财务一职的情况，这也是个很大的错误。因为，在银行负责财务、资金往来及其管理的大部分是本公司的担当部长，绝不是分店的店长。所以不如将银行出身的分店管理人考虑为店铺运营或者作业体系的专家更合适。

在物色人才时，需要搞清楚将分配怎样的职务，以及职务的具体内容和物色对象的能力。

▼不引入不同性质的技术就不能变革

为了让物色的人才尽快、充分发挥其能力，需要做以下的工作。

第一，无论怎样希望对方发挥特殊的职务能力，也需要在其入职后的两个星期到一个月内让其进入营业现场，切身了解公司的实际情况。

不可从一开始就让他在本部从事事务工作。如果那样分配，

---

① industrial engineering 指在没有数值的领域进行数值化的工作，通过有效运用各种调查方法将企业的所有问题、事物现象数值化，进行逻辑改善、改革的科学方法。

半年后他就可能会与周围脱离，并被集团排斥。

第二，安排其担当部长以上，特别是董事以上的职位，至少需要在进公司两个月后，或者半年、一年后。而且，必须在签约时就明确升职以实际成绩为考量单位。

当然，也应该让他和其他职员一样参加公司内部的资格考试。因此，不能物色以董事以上的职位为条件的人，因为那必然会引发与原有干部之间的矛盾。

本公司年销售5亿日元，想物色的对象是年销售500亿日元的话可以。但是本公司年销售5亿日元，对方公司年销售10亿日元的话，这样的物色完全没有意义。

因为物色人才的根本目的就是要引入比本公司更高的技术，或是全新的技术。

▼物色人才的对策由社长负责

从以上观点来看，最为重要的是社长必须认识到自己是物色人才的责任人，是不能对人事部长或总务科长说“哪儿有没有可物色的人才”之类的话的。

物色人才的成功仅限于社长自己说服想要引进的人才的场合。

当然，公司规模较小的话，既不能吹嘘本公司，也不可向对方许诺高收入和高地位。但是，在物色人才过程中最为重要的是社长本身要有明确的经营理念，和20年后、30年后的经营构想，并由衷地劝说对方“请协助我实现目标”。

所谓“组织的建立”，原本就是指社长想做的事不断增加，并且不断努力达成。因此，关于物色人才的计划，需要像“今年需要持有某某技术的几人，明年需要持有某某技术的几人，3年后……”等主观的明确内容。

商业计划需要客观依据，但是，关于物色人才和教育对策，只有社长自身的热切愿望和深入思考才能有助于实现更高的目标并缩短完成目标的时间。

5　决定企业命运的是后任对策

▼把视野放在 30 年后，然后开始准备

餐饮业今后面临的另一个重大课题是后任对策。

致力于创建大型公司或连锁店的成长型企业中，作为创业者的最大任务是能否将该企业发展成持续半个世纪以上具有社会意义的企业。创业者构筑的社会贡献能否持续到 50 年以后，后任的选择至关重要。

创业者的任期不过 20 年至 30 年，所以 50 年后应该是二任、三任了。二任、三任的选择决定了企业是发展还是破产。

创业者正式开始经营是在 40 岁以后。所以，真正会经营应该是 45 岁以后。常常有人说，25 岁、30 岁开始会经营，但这是错误的。创业者 45 岁时打拼天下，收支有盈余应该是 65 岁左右。也就是说，在 45 岁的时候就该看清 30 年后的发展趋势，而考虑后任的选拔。

因此，首先必须设定计划。以前，50 岁时会感到体力的衰弱，现在 65 岁左右才有所感觉，“一直觉得自己可以做到的无限多，但是……”但这样的慌里慌张，会导致搞错后任的选拔方法。

▼第二任的工作比创业者更难

事实上，很少有第二任管理人能妥善地经营。这是因为比起创业一任，二任的经营管理更难，需要更高的能力。

创业者在完成某项使命时，其周围必然有作为左膀右臂的 3 人至 5 人。那些企业干部和创业者一定知根知底，俗话说“情投意合”。但是，他们和二任管理人之间很少能“情投意合”。

因此，如果二任管理人的人品、能力未得到信赖，就不可能得到真正的协助，必须比创业一任有更好的人品才行。如果二任管理者是创业者的儿子，那么这点就特别重要。因为经营管理者必须率领部下，所以必须具有受尊敬的要素。当然，在管理技术、营业技术等问题上必须得到一定程度的尊敬，但最为根本的是个人的魅力。

创业者即便缺少某种品质，但只要在某个方面比较优秀就能成为经营管理者。但是，二任管理者则不可缺少任何一项。也就是说，不能简单地认为创业者的儿子就可成为继任。

而且即使已有继任者候补，也要至少观察其 10 年至 15 年。

▼为获取 5 项知识的调动计划

创业者需要花 10 年时间以确定二任管理者、三任管理者。然后，选拔 3 位以上的候选人。在选拔后的 10 年间，根据调动计划①实行调动。

在这 10 年期间，需要让候选人体验各种职位。而且，必须给予其不同的职位，但这决不是给他职衔。例如，要分配给会

① rotational assignment program 指有计划地变更组织构成，实行人事变动的计划。其首要目的是适材适所，第二是根据实力主义进行任用，第三是适当的劳动量分配（定员计算），第四是作为教育计划一环的工作轮换，第五是经营战略上的重点配置。

财务的候选人财务以外的工作。给精通店铺运营的候选人，安排其他工作。仅了解1—2项工作没有意义，对于公司经营而言，重要的是必须了解公司经营的大概。为此，至少需要5项工作经验和知识的积累。

第一，组织创建必要的人才教育、评价方法、劳务管理等人力资源管理知识。第二，进行数字管理。第三，磨炼有关商品问题的技术。第四，学习店铺运营技术。第五，精通包含中央厨房知识在内的业务体系和作业体系。

为获得以上5项知识，即在各部门各自担任1年半，总共也需要花费7年半的时间。因此，不提前10年开始调动计划的话就来不及。

▼仅学习社长没有意义，要获得广泛的职场经验

为找到继任候选人，社长需花费1至1年半的时间决定人选。然后，在最后的3年内慎重地决定。

候选人的竞争对手至少需要3人。如果候选人只有2人，另外1人应在3年内物色完成。

顺便说一下，美国大型连锁店必定每3年向经营顾问汇报经营状况，继任候选人则必然会听取第三方的意见。

那么，关于候选人，该选拔元老职员呢，还是同族，抑或是去物色呢？虽是三选一，但需要全面比较三者。将他们全都作为候补，最终定下5人至6人。定下人选并不是太难。在所担任职位上活跃的人可作为继任候选人。

担任专务董事的人到时就可成为社长之类的想法决不是妥善的选拔方式。

在社长的一侧让其见习也是不妥的。因为如果不担负责任，就不会有所成长。让其体验各种工作才是重要的。总之，即使是董事或者执行董事，也必须体验前述的 5 项工作。然后，选择在不同职位上活跃的人作为候选人比较有效。

此时，创业者不可公开宣布谁是第一位候选人、谁是第二位候选人等。排序应按照年龄顺序或者职位顺序。

▼不培养“阿谀奉承”型干部

处理好人际关系和引导好经营，这两项是二任管理者必须具备的能力。越是不成熟的人越需要党羽，也即“阿谀奉承”的人会集中于他周围。这点在同族候选人的场合更为明显。很多状况下，经营者会夹杂对亲族的私情，所以很难进行正确的评价。

如果同族人品优秀，有希望将来担任二任管理者的话，那么，最好的解决办法是让他去其他公司锻炼。2 年、5 年是很难掌握企业文化和受人尊敬的技术的，所以最少需要 15 年的锻炼。例如，四年制大学毕业时 22 岁，回到本公司工作的话是在 15 年后的 37 岁，或者 20 年后的 42 岁。25 年后的 47 岁也可以。但是，如果再延长的话，回到本公司工作会不太好，所以合适的时期是 35 岁以后至 40 多岁。

在其他公司锻炼，学习在本公司难以获得的技术、掌握与本公司不同的企业文化，这两点是必需的。因此，对方公司即使不是餐饮业也可以。进入不同的业界甚至更好。总之要记住，不花费 15 年至 20 年的时间，是不可能获得前述的两项技能的。

对于二任管理者而言，最困难的是能否培养“非阿谀奉承”型干部。必须要有能直言不讳“不行的事就是不行”的部下。因为人总会有考虑不周的时候，也不可能具有完整、透彻的知识和理论体系。

因此，当二任管理候选人清楚自己被列为候选人时，就需要考虑培养自己担任社长时能成为左膀右臂的大干部至少 5 人，并努力使自己得到他们的信任。建立良好的上下关系，让部下敢于指出自身的不足，这点极其重要。

只是，有时也需要创业者帮二任培养能自由掌控的 5 位干部。例如，创业者需要找到业务系统的精英候选人，或者商品问题方面的主力选手，培养他们成为无论谁担任二任管理者，都能作为得力助手而大显身手的干部候选人。

▼培养精通商品和作业系统的人才

经营管理者必须是组织者，必须熟练掌控企业干部。即使是擅长论文、演讲、劝说他人，也不一定能成为管理者。

这 40 多年笔者观察餐饮业考虑的是，擅长数字的人是否适合一事。擅长数字也即擅长逻辑，所以理应能弄清事实，但是另一方面，有时也会受到谈话技术的困扰。而且，一般擅长计算的人常常会只在意数字，因为害怕而不敢挑战。这不是管理能力。擅长数字的真正含义是具有科学、合理发展事物的能力。

此外，二任管理者必须在改善、改革作业体系和商品问题的开拓、开发这两方面胜人一筹。

商品问题不可完全交付他人或现场，对作业体系不可完全不发言。后者常常是因为现场经验不足。前述5项中，特别是商品问题和业务体系这两点，如果不经过长期实践，就不可能获得准确的知识。因此，需要安排候选人前往各个现场。

6 将比较店铺作为必修技术

▼“参观学习”而非“视察”，必须明确两者的区别

在教育问题的最后，将论述店铺比较①。因为，可以说这是连锁店不可或缺的、必需的技术。

很多餐饮业的相关人员，将店铺的比较理解为“视察”。但是，这种场合的视察与“观光”类似，其目的是找到不同。例如，去法国或英国，发现和日本不同的地方，这就是观光。

职位越高的人，越倾向于将本公司的工作解释为“有意义的”。如果，不知道最新信息和发展倾向，常会贬斥不同。因此，视察时往往会评价为：①不同的，差劲的→②没什么了不起的→③随意地做些不好的事，还是本公司的好。

但是，比较店铺的真正意义并不是“视察”，而是“参观学习”。所谓“参观学习”指必须要学习。因为有不同所以要学习，比这个更为重要的是“与本公司有相同经营目的，却使用不同的达成手段”。

因此，比较店铺时首先重要的是，作为参观学习的对象，选择怎样的店铺，即选定标准。

---

① store comparison 指分别参观学习、调查其他店铺和本公司店铺，分析经营战略的目的，判断本公司该设定怎样的经营重点的技术。美国的连锁店业界最为重视的新技术之一。

▼参观学习“比本公司发展更快的事例”

一般而言，在获得业界信息后选择比较店铺时的参观对象。但是，包括电视在内的大众媒体报道的都是些新奇的内容。这虽然是热点新闻，但事实上不值得学习。与其追逐一些稀奇的事，不如找到表象之下的本质，搞清近期、将来将如何发展变化。

比较店铺的首要问题是学习。以学习为目的的话，首先必须收集有关本公司最不足的一面的信息。然后，阅读经营类杂志等，看法自然会改变。

至少应研究过去两年左右的倾向，收集克服本公司不足的事例，然后实际观察这些事例。

例如，假定本公司产品不行，也就是说没有固定顾客，那么，首先必须找到大量销售某一产品的店铺。数次前往该店，学习、分析其为何有回头客。参观学习时必须观察顾客的动态。例如，顾客以怎样的顺序，如何在短时间内决定所需的商品等，这样就可知道畅销商品。

菜单中含有顾客对商家的惠顾[①]。那么，顾客为何会对商家有忠诚度呢？其中包含了味道和价格的问题。正如后述，发展成原理的话，则需要加以讨论。

如此，参观学习的基本是克服本公司弱点的事例，信息的提供当然是经营企划、营业企划、教育职员的责任。应该参观

---

①store loyalty 指顾客对店铺信赖的状态。首先是一直不变的售价（特别是价格、积分和售价上限）。质量本身也是对售价信赖的一部分。

学习的店铺有几家，营业额有多少等也很重要，但最重要的是，找到经营效率上胜过本公司的企业。

此外，应参观学习的店铺必须是开店速度较快的。也就是说，其管理能力和菜品开发能力比较优秀。来往客户、设备行业掌握这些信息的比较多，所以还需要掌握信息渠道。

▼首先从外面观察店铺，在店铺内要掌握作业流动线

那么，在学习地该看哪些？怎么看？下面就来说明一下具体的方法。

去学习地后，首先要从外侧看店铺。考察其选址[①]在哪儿？与怎样的店铺相连、相近？以什么为目标？此外，不动产投资每坪的价格是多少？应该分析其不动产设备分配率的推定值。

这些信息不要从与本公司有交易的不动产业者那儿获取，最有效的是咨询同一区域的不动产业者。咨询过2家、3家后，自然就能知道大概的行情。例如，“道路的这一侧还行，但另外一侧不行”“30米开外的地方有倾斜，湿地较多”等案例出乎意料得多。

看完店铺的选址后，接下来要绕着店铺用地的周围看一圈。必须要在进入店内前，绕到后方，观察卡车的动线、顾客的行走路线，这些很重要。通过观察外围，就可明白物流、店铺用地的利用方法、设备成本等。进入店内后，很多东西会占据注意力，所以务必先观察外围。

---

① store location 指店铺的位置。恰当的位置是指能以最高效率经营的地点，并不是人流较多的道路一侧。

进入店内后，重要的是动线[①]，即员工动线和顾客动线的关系。看了动线后，自己行走一下店内的所有通道。此时，必须观察顾客都点了哪些食品。

此外，自己也需要点一下畅销食品。关于畅销品，有时即使问服务员也不知道，所以必须要自己在店内转一圈后做判断。

需要点周围人点的食品、菜单中用大字书写的或印有照片的料理。不要重复点同一菜品，而是点各种各样的料理。多点品种是关键。

当然，需要记录进入店内后到被领到座位的时间、坐下后到服务员前来服务的时间、提供饮用水的等待时间、取菜单的时间、点菜后到上第一道菜的时间、最后一道料理的上菜时间、结账时间等所有时间。通过计算这些时间，就可大致了解该店铺的工作效率。

在服务员拿来菜单之前，还必须观察维护性[②]。而且，清洁标准也是个要点。

最难的是味道的评价，为此需要确定规则。例如，对于香味、滋味、回味等该如何评价，主菜、副菜、酒水饮料的搭配该如何评价等。

此外，还必须明白 2 万日元、5000 日元、1500 日元、300 日元商品的区别。没有价值的话，即使只有 300 日元也是昂贵

---

① traffic diagram 指顾客、员工、汽车、卡车实际行走的路线。顾客的话，行走路线要尽量长（所有店内通道），员工的动线则要尽可能地短，这样才能提高效率。

② maintenance 指经常将商品、备品、设备维护在最佳状态的作业，为了以一定的资产维持最佳使用状态而进行的工作。

的，相反如果有价值，2万日元也是便宜的。对于这个评价方法，上司必须事先告知。

更难的是，味道浓淡的区别。顾客反复点的料理一定是清淡的。关于这点，上司需要在入职后立即告知“大众味道是什么”，平时做好特别教育。

▼讨论时上司不要先发言

为了使店铺比较有所成果，需要在观察店铺实例的基础上进行彻底的讨论。

视察也罢、学习也罢，在结束后常被要求写报告。但仅是报告的话就接近“观光”了。“参观学习”需要在写报告前进行1个小时以上的讨论。

例如，参加者有10人的话，就有10种解释。经验和知识，即技术水准有所不同，所以观察能力和着眼点也会不同。进行讨论的话，就会对“谁是正确的”而展开议论。对所发现的问题点的分析内容就会与视察到的有所不同。

此外，我们假设学习课题有10项。一个人全部理解10个项目是不可能的。因为职务不同，其关心点就会有所不同。为了获得更多的收获，应该让不同立场的人一同参观学习，然后进行讨论。

关于报告，各个不同的职位、职务，既有与其直接相关的，也有无关的，应该分开撰写。

讨论时绝对不可由上级职位者先下结论。更糟糕的是，如果在现场就发表了意见，部下们就会觉得“不可违背，这个时候被批评可不好”。那么，不要说分析了，连正确的讨论都不可能展开。

因此，即使上级职位者一同参观学习，也绝对不可先发表意见。难得大家一同参观，同行的社长、常务、部长却先发表了意见，这种状况很多，参观学习因此也就失去了意义。

在进行店铺比较时，如果有所发现，这是好事还是不好的？应该学习呢，还是不应该呢？这些需要考虑，并且加以讨论，包括理由在内。

这里有三个关键点。第一，是更接近经营原则呢，还是有所违背呢？第二，与最近业界的发展新倾向相符呢，还是落后了，抑或是背道而驰呢？第三特别重要，即是否会被本公司的目标顾客接受、欢迎？

这些是需要讨论的，审阅报告的上司也应该以这样的立场评价报告，有时需要命令下属再次提交报告。报告结果可以登载在公司内部报刊[①]上，也可视作特别的《店铺比较报告》，作为本公司的样本。有时可以代替教材，原封不动地制作成手册。

如果不能这般彻底，那么比较店铺就没有意义。相反，如果具有这样的实行能力，那么，不管花费多少费用也是值得的。

▼全员必须有共同的认识

如此，需要加以理解的要点有几个，但是无需认为比较店铺很难。特别是，个人在休息日进行店铺比较，无论是自我培

---

① employee publication 指企业在推行政策时，为使社长的意思传达至一般员工，作为公司内部的宣传手段而定期发行的印刷物。在采取划时代的经营战略时特别需要。

养，还是自我教育都是需要的。

有时可以让家人站在顾客的立场加以分析。比起正式职员，计时工的观察有时更敏锐。在外工作的是丈夫，妻儿仔细观察、发现问题点，并进行分析的例子也不少。在比较店铺时，携带妻儿前往是有益的。而且，孩子能更多地发现各种问题，很好地记住商品的名字和价格。

重要的是，所有人员对店铺比较持有共同的认识，并共同持有一定的评价标准，然后，在评价的基础上进行彻底的讨论。

比较店铺与本公司的改善、改革密切相关。很多改善和改革较快的企业是进行了踏实的店铺比较。准确把握了该时段本公司的弱点和企业的需求，严密考察了作为比较对象的企业。

当然，改善、改革与企业的评价相关联。如果通过比较店铺，评价有所提高的话，那么经营企划的负责人就会更加认真地考虑“将什么作为店铺比较的对象”“让大家做怎样的店铺比较”等。

持续进行店铺比较自然就能保持高水准的管理能力和经营能力。

第 3 章

连锁店组织的建立

1　首先明确店长的作用

▼企业组织是否是“年龄序列制”

在谈论店长的作用前，首先需要说明日本餐饮业组织[①]的问题点（参照图 3–1–1 中的 1）。这集中表现为以下 6 点。

第一个问题是，日本餐饮业的组织是“年龄序列制”。在日本通常使用“年功序列”一词，但是，日本餐饮业的店长与“功”无缘，所以应该称为“年龄序列”。但是，实际需要的是以实力来评价的组织体系。

第二个问题是实力变成了“保守努力型”。这只能是不合理的“坚持主义”。

但是，店长真正需要的是发现问题的能力。经营数值恶化、顾客数量不断减少，如果店长没有发现问题的能力，那么企业就不可能提出竞争对策。

有人认为，只要看一下数字，本公司理应能明白。但是，这样的话就太晚了。所以，只要店长发现问题，本公司就马上去解决问题。这样的组织体系才是连锁店经营所需的。

第三个问题是日本的餐饮业非“终身雇佣”型。关于店长的工作，形成了这样的认识：当今的餐饮业不可超过 30 岁，零售

① organization 指业务和分工的规定和机制。为实现特定的目的，汇集在一起的人们的相互间的工作关系。

业不可超过40岁。然而，在连锁店的组织论中，认为所谓店长，是进入公司后的第一个目标职位，是为了成为依靠自身技术为世界做贡献的专业人士的必经职位。

图3-1-1　传统店长的特点和今后店铺的运营经理

1.传统型组织的问题点和今后应努力的方向

问题点		努力方向
①年功序列型	→	实力型
②保守努力型	→	问题解决型
③非“终身雇佣”型	→	生涯规划型
④对不熟练者的期待主义	→	确认能力后发布任命
⑤职务不明确	→	支付与完成职务等价的报酬
⑥创意依存型	→	技术熟练型

社长直接管理型的小企业，不是分工型的连锁店体系

2. 传统型组织的店长形象

原始的劳务管理氛围创造者
- 士气高扬主义
- 催眠技术师

无技术、无数值责任
- 体力补偿型
- 非技术

误解为销售额增减者
- 装作营业责任者
- 装作万能

创造氛围
以增加销售额为名目

↓

不熟练、低工资、过劳型运营

⇩

3.今后的店铺运营经理

- 工资突破美国标准的时代
- 必须绝对遵守劳动法的时代
- 比起销售额，更注重营业利润的时代

↓

作为作业指挥者的新技术者时代

- 能大幅削减总人工工时
- 能削减劳动分配率
- 增加营业利润

▼将营业额作为店长的职责是错误的

尽管如此，日本的餐饮业多以开分店的形式将经营全权委托给店长。让年轻店长开分店与将不成熟的人才推向社会是一样的，这不是对的做法。如果不能将开分店的人培养成专业人士的话，那么就不可能为社会做贡献。认识到这一点才是作为企业的社会责任。

第四个问题是日本的餐饮业任命经验不足的人担任店长的期待主义。本该构筑明确店长职务①，并让其接受店长考试的体制。在通过考试后，方才提出任命。应该按照这样的顺序。

然而，日本的餐饮业并没有明示店长的职务，这是第五个问题。不仅是店长，就连企业也不知道店长的职务是什么。尽管如此，还让店长承担数值责任，这是很矛盾的一件事。

此时谈论的营业额的增减与店长的实力没有关系。营业额由该店销售怎样的商品，创建了怎样的店铺等决定。因此，将营业额没有增长的责任推给店长的话，店铺的业绩决不会提高。

第六个问题是，要求店长提出创意，本公司却什么也不做。这样的组织中，提出创意成了店长的工作，作为店长本应具有的技术却没有得到培养。

▼任何时候过劳死都不足为奇的劳动环境

图 3–1–1 的 2 描绘了传统型组织的店长形象。

传统型店长误以为只要在现场鼓舞士气，自己就能控制营

---

① job 指命令的具体作业。分为义务职务和包含责任的职务两类。前者的典型是普通员工的职务，后者的典型是专业人士的职务。

业额的增减。日本的餐饮业认为这是对的，还让店长通过身体的努力来弥补能力方面的不足，而且以廉价薪水维持着这种过劳型的运营方式。

日本劳动基准监督署认定过劳死的客观事实是“每月加班超过 80 小时以上”，在这种状况下，将会无条件地被认定为过劳死。只要遗属提起民事诉讼，就一定能胜诉。必须要了解如今抚慰金的行情大概是 1 亿日元至 2.5 亿日元。

那么，每月加班超过 80 小时的店长有多少呢？图 3–1–2 的（1）显示了调查结果。Pegasus 店铺管理研讨会对 2007 年 10 月参加该会的 27 家、2008 年 3 月的 29 家、2009 年 5 月的 29 家公司进行了统计。

图3–1–2 （1）过劳的实态（JRC调查）

一周工作的记录实态

（Pegasus店铺管理研讨会 2007年10月参加的有27家公司146个店铺、2008年3月参加的有29家公司107个店铺、2009年5月参加的有29家公司90个店铺）

（1）按正式职员最长工作时间统计的店铺数量及其占比

		店铺数量					
		2007/10		2008/3		2009/5	
		店	%	店	%	店	%
1周无1人加班		0	0	1	0	3	3
最长的加班时间	10小时以下	37	25	25	23	24	27
	10—20小时	62	44	55	51	40	45
	20—30小时	36	24	21	20	19	21
	30小时以上	11	7	5	5	4	4
合计		146	100	107	100	90	100

注：只计算了每店加班时间最长的1人的周总加班时间。

图3-1-2 （2）(续)

（2）按上述店铺中的员工(仅正式职员)每人每周的总加班时间统计的人数及其占比

		人数					
		2007/10		2008/3		2009/5	
		人	%	人	%	人	%
无加班		430	21	257	25	239	26
1人1周总加班时间	10小时以下	1111	56	551	54	528	57
	10—20小时	357	18	171	17	121	13
	20—30小时	76	4	30	3	28	3
	30小时以上	12	1	5	1	5	1
合计		1986	100	1014	100	921	100

注：店长和工作人员分开计算的是以下的（3）

（3）每人每周总加班时间超过20小时的人数

阶层	加班时间（H）	2007/10	2008/3	2009/5	年龄（只标注已确认的）
店长	20—24小时	16	3	12	34岁、36岁(2名)、37岁、46岁、47岁、48岁
	25—29小时	7	8	4	31岁、35岁、36岁、39岁、43岁、44岁、48岁
	30—39小时	4	2	1	34岁、35岁、47岁
	40—45小时	0	2	2	33岁、35岁、44岁
工作人员	20—24小时	40	15	6	34岁、36岁
	25—29小时	13	4	6	
	30—39小时	8	1	2	33岁

一周加班超过 20 小时的店铺，2007 年 10 月占总数的 37%，2008 年 3 月占 25%，2009 年 5 月也有 25%。即总数的约四分之一的店铺抱有过劳死的风险。从人数来看，每周加班超过 20 小时的，2007 年 10 月有 5%，2008 年有 4%，2009 年也有 4%。

图 3-1-2 的（2）调查了每周加班超过 20 小时的人的加班时间的分布情况。如图所示，日本包含餐饮业在内的流通业的劳动环境非常苛刻，以致员工任何时候过劳死都不足为奇。

店铺运营经理，即店长的理想形象必须是在绝对遵守劳动基准法的基础上，拥有作为作业指挥者的技术，确保营业利润[①]，而非销售额。而且，关于店长的薪酬，也有待突破美国的标准。（参照图 3–1–1 中的 3）

▼通过能实现完全作业的作业指挥确保利润

连锁店有连锁店经营的独特的经营方法。这是欧美国家自 19 世纪中叶开始持续 150 年积累的完善的、独特的分工作业体系，即由本公司决定作业方法，现场尽可能地降低成本完全实行。

但是在日本，一谈到连锁店经营就立刻会有反对意见，如“这是本公司的强制”“成了手册傀儡”。之所以会有这些反对意见，是因为本公司构建的作业方法不够完善，或者本公司不能让现场理解作业方法。

图 3–1–3 以音乐、戏剧和电影、工程等三个为例说明了连锁店经营的构造。

以施工为例来看，在建设工程中，必定会有蓝图设计书。担当绘制蓝图一职的是连锁店的本公司，现场则负责施工，而在现场负责指挥的工程事务所长则是店长。

无论是哪个建筑物，都必须按照设计书来建设。但是，即使是同一个设计书，由于工程事务所长的技术不同，工程期限、费用也会不同。即使在店铺以相同的作业方法展开完全作业，盈利也会因店长的安排和作业指挥的不同而不同。

---

① operating profit 指从毛利润中扣除营业费（销售费和一般管理费）的余额。

连锁店经营管理中店长的职责是按照本公司制定的作业方法进行完全作业，同时降低成本、确保营业利润。

图3–1–3　连锁店操作方式

1. 意义

欧美的连锁店企业150年间构筑的独特的、有关“分工作业体系”的经验法则。

2. 特征

连锁店操作方式		事例		
		音乐*1	戏剧和电影*2	工程
本公司	制订规则	作曲家 编曲家	剧本家 脚本作家	设计者
现场(店铺)	①完全实行	演奏者	演员	施工者
	②低成本	指挥者	导演	工程事务所所长

*1. 参考日本Japan Retailing Center高级顾问川崎进一

*2. 参考全日本超市协会会长荒井伸也

▼本公司决定工具、动作、顺序

本公司的作用是，通过全球视角的调查，决定销售怎样的商品及如何销售，与此同时，建立理论性假设并反复进行实验①，构筑标准的作业方法体系。如图 3–1–4 所示。

① 实验（experiment）指计划性地分析原因之一并得出新的结果，然后明确因果关系。在日本，通常被理解为“试着做、总之做做看”这样的相反含义然后被使用。

图3-1-4　连锁店店铺运营的程序

本公司在反复进行调查和实验后决定行动规则（方法）

↓

本公司构筑information[*1]体系

↓

本公司对现场进行培训（education）、训练（training）后让其实行

↓

本公司以“个别对应”的方式进行communication[*2]，得到现场的理解

↓

定期检查状况

↓

进一步改善information

*1 information（信息）=一律

①用语的统一（定义）
②行动原则（纲领）
（①②：手册）
③数值（数值表）
④时代潮流（形势）

*2 communication（理解）=个别对应

①详细的说明
②科学（以数值和理论）说明理由
③说明动机（对被说服方和顾客）
④演习（能快乐地进行）

连锁店经营首先需要培养能决定作业方法的数百人的专家团队，以成立本公司。其次，教给本公司的专业人士决定作业方法的技术，即实验、调查技术。

作业方法由工具、动作和程序①构成，这些需要教给店长候选人。然后，进行考试和实际训练，以确认店长候选人是否理解了作业方法，能否实践作业方法。应该在确认店长候选人能完全作业后，才让其就职。

为了确认工具、动作和积序，需要将每家店铺的作业量标准化。即确定每家店铺的营业额，更为正确地说应该是卖场销售效率（店铺每坪的营业额）。如果店铺销售效率有所不同的

---

① 程序（proceaure）指达成目标所需的作业顺序材料、用具的准备程序、详细计划好的调度。其内容应该被写进手册。

话，那么各不同种类作业的作业量就会不同。营业额有2倍，并非单纯意味着作业量有2倍。因为有的作业是3倍，有的作业是1.5倍，所以难以将作业方法标准化。

如果某家店铺的卖场销售效率开始超过标准值，那么应该在该店铺的附近再新设一家。不可以有营业额特别高的店铺。从这个意义来讲，日本餐饮业的大部分是不合格的。

之前也有论及过，如果现场不能理解本公司决定的作业方法，就会出现“本公司的强制”这样的反对意见。此时，本公司为了让现场理解既定的规则，应该对知识、经验、理解力不同的各个下属使用不同的说明方法。连锁店经营中称此项技术为“沟通”技术。而且，此时本公司还必须以科学依据说明为何要执行本公司决定的作业。

另一方面，店长作为店铺的作业指挥者，应该依照规则进行完全作业，降低成本，确保营业利润。这是连锁店经营中店长的职责。

2　店长的责任、义务和必要的技术

▼首先，数值目标是削减店铺的总人工费

为了理解接下来将要讨论的“店长的职务是什么”，需要先了解“义务”和“责任”这两个完全不同的概念。

所谓义务是指应绝对遵守的契约，必须按既定规则执行的工作。而责任是指，自己对因自己的决定产生的结果负责。但是，包括餐饮业在内的日本流通业中，即使是年销售额达 1 兆日元规模的企业也搞不清楚责任和义务的区别。

如图 3-2-1 所示，具体而言，店长的义务是指“保证料理质量”“报告事故”“保全资产”“部下现场作业的完全作业化”“完全填写和期限内提交所有报告书的全部项目”“遵守劳动法规”“依据调查和实验报告提出改善、改革方案”7 项内容。但是，日本的现状是，餐饮业的店长并没有接受这 7 项工作内容的培训，所以不能履行义务。

图 3-2-1 也列出了店长的责任。所谓责任是指自己对因自己的决定而产生的结果负责，所以上司的评价是不可欠缺的。但是，这时需要有明确的数值。

店长的决定使每坪的营业利润增加了多少？又是如何降低了运营经费？如果运营经费减少了，那么毛利润、顾客来店频率、顾客每人购买的商品数等数值增加了吗？这些数值因店长的决定而有所增减的话，就应该以该数值来评价店长的决定。

图3-2-1　Store Management担当 Mgr.的职务

（店铺Mgr.、检查员或楼层Mgr.）

1. 责 任	店铺每坪的营业利润←运营经费率的减少← 本公司的职务 ·作业种类和频率的削减制度 ·各商品类（价格区间）和TPOS ·商品构成（材料、价格、品质、数量） ·订货方法 ·重点销售计划 ·布局 ·现场作业的规则（制作手册） → 店方的任务 (a)总人工工时的缩减 (b)卖场构成（食品业是保证质量） (c)消除不合格品 (d)店内布局设置 （×接待客人 ◎策划方案和良好的卫生状态） → 总人工费的削减 毛利润的增加 顾客来店频率增加 每位顾客购买品种数量的增加
2. 技 术	(a)完全作业化 (b)各项作业频率的减少 (c)工作计划（labor scheduling） (d)作业分配（work scheduling） (e)现场作业教育←考核+communication（对部下+对本部） (f)Customer relation(human relation) (g)体系改革计划调查和实验的企划小组成员 ◇改善数值是劳动分配率或人均每小时收益
3. 义 务	(a) 保证料理质量 (b)事故报告 (1)紧急事故报告　①产品检查不合格和未交货状况 ②畅销品缺货（①②：缺货时） ③紧急事态发生时 (2)立即送返超期库存商品和变质商品 (3)顾客投诉处理及当日报告 (4)事故报告（以周为单位）　①设备污损、机器运转不佳 ②其他公司动向信息 ③勤勉、怠惰的情况 (c)资产保全（发票、设备、库存、金钱） (d)（将来）部下现场作业的完全作业化 (e)所有报告的所有项目的完整填写及按期提交 (f)遵守劳动法规 (g)根据调查和实验报告提出改善和改革方案
4. 顺 序	①本公司在反复调查和实验的基础上决定作业规则（能力、工具、动作、程序） ②所有作业的完全实行 ③成本削减（恰当的工作计划和作业分配） ④紧急事态对策

但是，连锁店的毛利润和顾客数的增减在很大程度上是本公司的责任。所以，店铺总人工费的削减才是店长应瞄准的数值目标。

▼根据难易程度和熟练程度分配作业

削减人员开支的方法之一是“总人工工时的削减”。

为了削减总人工工时，首先需要明确地制订部下每周的工作计划[①]。为此，店长需要具有制订工作计划的能力。

但此处需要注意的是，削减人工工时有时未必就能降低人员开支。

例如，每小时工资 800 日元的员工 3 人各工作 1 小时，那么总人员开支达 2400 日元，如果将这些工作交给每小时工资 2500 日元的员工来做，后者的人员开支就多了 100 日元。人工工时的削减确实也是一个方法，但是为了削减人工工时而雇佣薪金较高的人才的话，反而会增加人员经费。

因此，重要的是作业分配[②]的技术。这是削减总人员开支的第二个方法。在分配作业时，可通过支付更低的小时工资来削减总人员开支。但是，如果将此简单地理解为“只要降低员工的工资就可以了”的话，就大错特错了。

---

① labor scheduling 指部下的每周工作计划，管理者的基本职务之一。为了将每周的销售计划换算成各作业的总人工工时，需要预先决定各职务和作业种类应工作的日期和时间，再派遣能力相符的员工若干人在该时间段工作。每周下达工作命令的计划。

② work scheduling 指管理人制订作业计划，根据部下履行职务的能力分配给每个人不同的作业。作业命令需涵盖每位工作人员的所有勤务时间。这是提高劳动增加值和保持服务水准的关键，作为管理人必须具有的能力。

真正的作业分配是培训小时工资较低的不熟练者，能够做只有小时工资较高的熟练者才能做的工作，然后根据职务履行能力分配作业。在此意义上，可以说教育体系的开发也是作业分配的一环。

但是在日本，为了降低工资标准，将正式员工替换成计时工，尽量雇佣薪金较低的计时工的坏习惯根深蒂固。只要不去除这种坏习惯、不进行合理的作业分配，就绝对不能削减总人工工时。

必要的是，像美国的连锁店一样，明确各项作业的内容，根据作业的难易程度设定小时工资，再根据员工的熟练程度，适当地分配作业。但是，日本的餐饮业现在还未能理解作业分配的真正意思，让新人和经验丰富的工作人员从事着同样的工作。这样的话，不仅新人不能提高熟练度，原本经验丰富者的能力也不能得到充分发挥。即员工整体的技能不能提高，作业效率也不能得到改善。

▼初步作业不由店长进行指导

作业分配的目的应该是在科学分配作业的基础上，完全实行所有的作业，再度确认其结果能削减总人员开支。

图 3–2–1 列出了店长应具备的 7 项能力，可以说对店长而言，作业分配和工作计划这两项技术是最为重要的管理技术。

有观点认为初步作业由店长对部下加以指导，这是个很大的错误。

图 3–2–2 列出了经验教育中应掌握的职务单元及其顺序。如图所示，A 项的初步作业并非由店长指导，而是在培训中心习得。店长应指导的是需要在现场实践的 B 项基础作业。这些需要加以明确的区分。

日本餐饮业的问题是，初步作业的指导占据了店长的大部分工作。更大的问题是，常以劳动力不足为由，让店长担当初

图3-2-2　经验教育中的职务（执行能力水平）单元和顺序

A初步　在训练中心训练

- 工作条件（报告、公司内问候、仪表）
- 发票
- 搬运（包括装货、卸货）
- 整理整顿
- 加工方法
- 计量
- 设备保养
- 良好的卫生状态
- 制作表格
- 简单事务

↓

B基础　在店铺现场训练

- 检查数量、质量（确认商品名称）
- 补充流程（顺序）
- 设备保全
- 发现劣质商品、售罄商品
- 菜单的说明
- 收银工作
- 收银处的包装（装袋）
- 其他店铺的调查（店铺比较）

↓

专业人士候补资格考试

↓

C初级技术

- 检查质量
- 起草分配量 ┐ 数量管理
- 起草订货量 ┘
- 损耗管理
- 库存（商品周转率）管理
- 销售实验记录
- 报告书

↓

D中级技术

- 毛利润管理
- 基本质量管理（原则性的鲜度管理）
- 保全、安全、卫生
- 计划（特别是日程安排）
- 文书管理
- 退货管理

↓

专业人士资格考试

↓

E上级技术=助理管理者（从D开始）

- 部下的考核和教育
- 作业分配和工作计划
- 成本控制（按部门管理的第一步）
- 店内促销
- 勤务管理
- 咨询指导
- 事务管理
- 竞争对策

↓

F高级技术=管理者

- 顾客管理（地域HR、PR和投诉处理）
- 利润管理（按部门管理）
- 作业管理（工作计划和作业分配）
- 人事管理（计时工的采用）
- 劳务管理（劳动条件）
- 制度管理（手册的解释）
- 体系管理（观察、分析、判断和与本公司交涉）
- 以上制度的起草

G初级技能（从B开始）

- 修理及接受订单
- 保安
- 文书
- 复杂加工

H熟练技能=Head（从D开始）

- 回答顾客提问
- 更高的销售推广
- 修理（包括报价）
- 毛利润率
- 质量管理
- 作业方法的样板
- 总开发策划方案

步作业和基础作业等工作人员应做的工作。

通过明确区分作业，就能看清店长应有的形象。图 3–2–2 表明了经验教育中应该以怎样的顺序教给怎样的内容。原本，店长的工作是指高级技术（F）之后的内容。但是在日本，甚至有连初步作业都不能完全胜任的人担当店长的事例。

因此，重要的是首先建构应有的教育体系，提高各员工的能力。关于教育体系，已经在第 2 章谈到了。在该章谈及的“专业人士候补资格考试”“专业人士资格考试”，以及为通过考试必需的技术等在图 3–2–2 中也有说明。请一并进行确认。

▼根据工作实际状况支付职务津贴

分配部下作业是店长的重要工作之一。店长自己可以决定本人的工作何时、怎样完成。从这个意义来看，店长一职没有标准的上班时间。

因此，连锁店中的加班概念不适用于店长。但是，至少应每 13 周内实况调研 1 次至 2 次，根据工作的实际状况支付职务津贴，这是国际常识。

表 3–2–1 是以参加 Pegasus 店铺管理研讨会的 177 位不同职位的人员为对象展开的职务津贴金额统计。店长 909 人中，职务津贴最高是 22 万日元，最低是 1 万日元，3 万日元以上和 5 万日元以上的合计占总数的 65%。而从工作实际状况来算的话，实际上应该有 7 万日元至 15 万日元。但是，8 万日元以上和 15 万日元以上的合计只占总数的 19%。这就是日本餐饮业店长职务津贴的实态。

在第 2 章中曾指出，日本餐饮业的店长没有依据职务级别体系的适当待遇，实际情况是，原本就停留在谈论这些之前的标准上。依据工作实际状况支付职务津贴是考虑店长问题的出发点。

表 3-2-1　管理职位的津贴实态（JRC 调查和企业方）
Pegasus 俱乐部的实态

［1996 年至 2009 年共计 16 次参加 Pegasus“店铺管理研讨会”的管理监督人员 1771 名（除了董事和年薪制职员）的明细］

阶　层	部长办公室主任	副部长 科　长	地区负责人 区域负责人 监督员	店　长 检查员	副店长 助理 Mrg.	主　任 股　长 组　长
	119 人	116 人	397 人	909 人	88 人	92 人
3 万日元以下	6%	12%	17%	15%	23%	21%
3 万日元以上	18	21	17	31	27	24
5 万日元以上	25	31	31	34	35	38
8 万日元以上	33	31	30	19	14	16
15 万日元以上	18	5	5	0	1	1
最大	28 万日元	25 万日元	22 万日元	22.5 万日元	15 万日元	10.6 万日元
最小	1 万日元	1.5 万日元	1 万日元	1 万日元	1 万日元	2 万日元

（不当 = 实际状况比进行加班计算的金额少得多。当然也没有休息日补助）

3　地区经理应履行的职责

▼竞争对策的责任人是地区经理

图 3–3–1 的《连锁店的标准职位组织图》说明了作为连锁店应具备的机构形态。

其中，店铺运营[①]履行在现场贯彻本公司方针的职能。以店铺运营部长为首，下设区域总负责人[②]、地区经理[③]。下面还设有以店铺管理人（即店长）为首的店铺级别的组织。

经营主线与顾客直接接触，而且还与其他公司直接竞争，所以交流必须紧密，作为组织单位的活动必须正常开展。还必须明确各相关职位应履行的职责。但是，无论是哪个，日本餐饮业很多都做得不够好。

特别模糊的是店长的上司、地区经理的职务。有将地区经理与监督员的工作相混淆的，也有很多是将地区经理看成是无用之职。

---

① operation line 指在组织图上，与商品开发一样，履行主要职能，以与店铺、物流、加工中心的营业相关的完全作业、成本削减为任务的集团。

② zone manager 指 5—15 位地区经理的上司、店铺运营负责人。Zone 是指气候（维度）不同的区域。

③ area manager 指以地区为单位进行管理的店铺运营经理、店长的上司、竞争对策的直接责任者。连锁店不以店为单位展开竞争。

地区经理原本是竞争[①]对策的责任人。其工作是经常在自己负责的区域内调查竞争对手，并采取对策。

日本餐饮业将此误解为是店长的职责。但是，如果店长自己去调查的话，那么就意味着放弃了店铺管理。如果不是这样，就必须占用个人时间，造成极不公正的状况。

地区经理的第二个职务是，作为竞争对策的一环，指导店长在店铺现场完全履行本公司有关营业的所有体系。即地区经理和店长谈话的大部分时间都必须是关于“店铺的哪个部分有体系破坏”的，换言之，“有没有不完全作业”。

▼店长履行本职的状况

指导时，应着眼于以下 4 点。

第一，店长是否按照各作业手册，准确无误地让部下实行；第二，让部下所做的工作，是否遵守作业标准的前后规则；第三，店长安排的特定工作的对象是否完全具有履行职责的能力，还是能力不足；第四，工作计划是否恰当。

完成此 4 项工作的前提是，店长对每位部下要有准确的能力评价，并完全遵守本公司作业体系的所有规则，然后着眼于此进行监督和指导[②]。

地区经理还有一项非常重要的工作。

---

① competition 指销售竞争激烈，同行业难以并存的状态。21 世纪开始，零售业和餐饮业的竞争出现了白热化。

② guidance 指命令的修改和教育的追加。当无法按照指示实行时，根据对方的能力促使其完成。

图3-3-1　连锁店的标准职位组织图

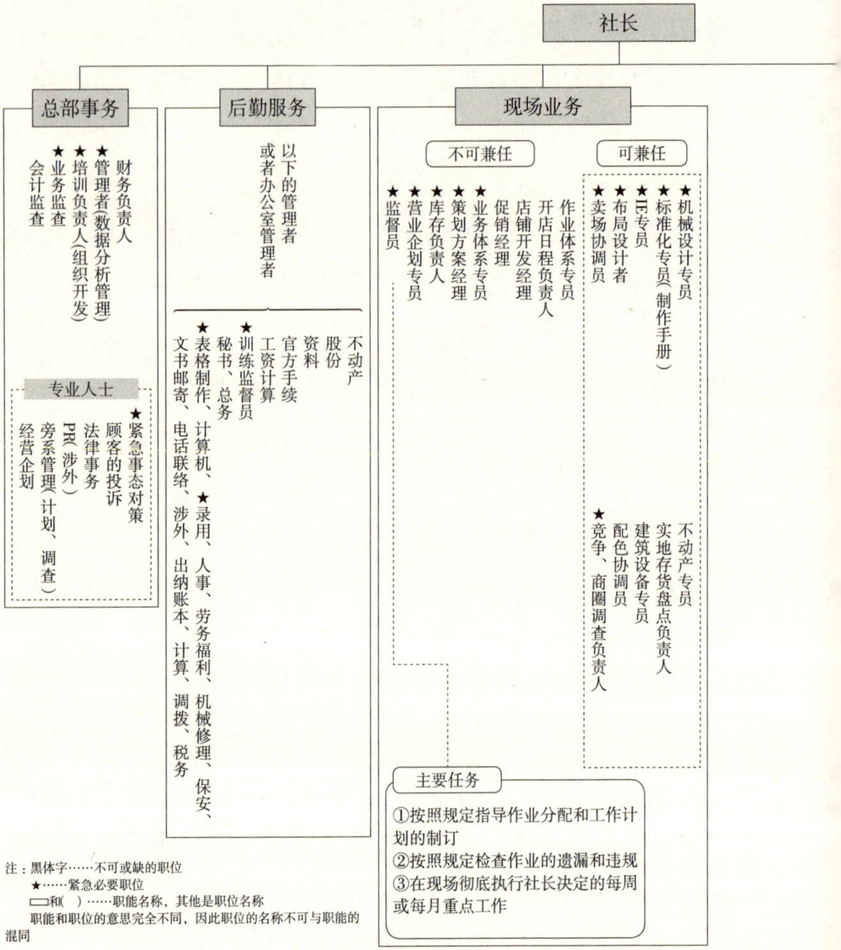

注：黑体字……不可或缺的职位

★……紧急必要职位

▭和( )……职能名称，其他是职位名称

职能和职位的意思完全不同，因此职位的名称不可与职能的混同

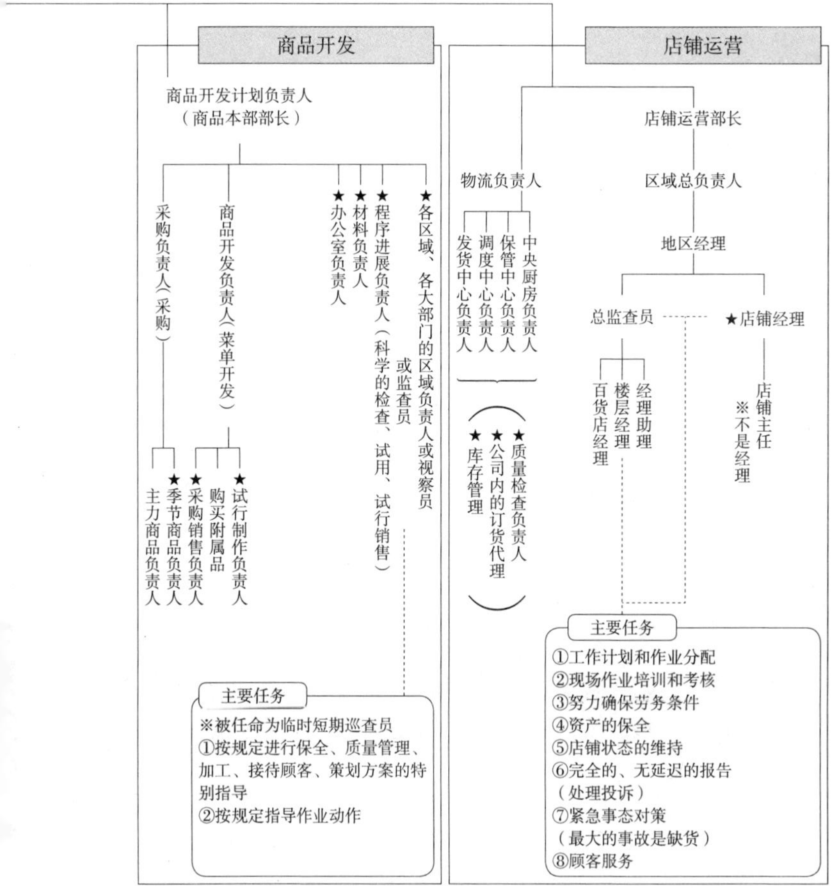
商品开发
商品开发计划负责人
（商品本部部长）
采购负责人（采购）
商品开发负责人（菜单开发）
★办公室负责人
★材料负责人
★程序进展负责人（科学的检查、试用、试行销售）
★各区域、各大部门的区域负责人或视察员或监查员
主力商品负责人
★季节商品负责人
★采购销售负责人
购买附属品
★试行制作负责人
主要任务
※被任命为临时短期巡查员
①按规定进行保全、质量管理、加工、接待顾客、策划方案的特别指导
②按规定指导作业动作
店铺运营
店铺运营部长
物流负责人
发货中心负责人
调度中心负责人
保管中心负责人
中央厨房负责人
★库存管理
★公司内的订货代理
★质量检查负责人
区域总负责人
地区经理
总监查员
★店铺经理
百货店经理
楼层经理
经理助理
店铺主任
※不是经理
主要任务
①工作计划和作业分配
②现场作业培训和考核
③努力确保劳务条件
④资产的保全
⑤店铺状态的维持
⑥完全的、无延迟的报告（处理投诉）
⑦紧急事态对策（最大的事故是缺货）
⑧顾客服务

那就是对于本公司向店铺不断追加的要求，从以下两点加以考虑。

第一，本部是否提出了无理的要求，使得店长在规定的劳动时间，比如每周 40 小时以内难以完成工作；第二，以现在担任店铺管理的人的能力能否完成这些要求。

如果这两点有问题，就意味着本公司向店铺提出了无理的要求。而这些无理的要求必然会引起作业中的疏漏，由此，店长会被认为“怠慢”或者受到叱责，这些都是极不当的。

为了避免这些不合理现象的产生，地区经理负有向店铺运营部长提出要求本公司修改命令、更改通知的义务。如果店长直接向本公司提出要求，容易被认为没有干劲、没有能力。

建立一个店长能履行本职的环境，与之前所述的完全作业的指导都是地区经理的本职工作。

▼不能在同一地区内将店长升职为地区经理

考虑到这些本职工作的内容，地区经理去店铺与店长直接交谈的周期应该是每两天一次，每次的时间至少是 30 分钟，有时因问题不同可能需要两个小时。这样一来，店铺间的距离和各店铺的规模就限定了地区经理能负责的范围和店铺数量。

连锁店经营中，一般认为地区经理 1 人能负责的店铺数为 5 家至 20 家。为了提高管理人的水平，必须在创建优势区域的重要战略上，缩短店铺间的距离、进行地毯式轰炸般的店铺筹建。

此外，有时也会与此不同，而采取检查员制度。即不在各家店铺内设置店长一职，而安排店铺主任，每几家店配一名店铺管理人（承担每坪利润的数值责任）。这位管理人被称为检查员，因为必须每天两次在负责店铺内巡视，所以店铺间的距离必须缩短，否则难以完成工作。这个检查员的上司也是地区经理。

在提拔地区经理时，当然必须要求被提拔的人有完全履行店铺管理职责的经历。

但是，另一个不可忽视的是，不可在担任过店长的地区，而需要在别的地区提拔其为地区经理。很多日本餐饮业在同一地区内将店长提拔为地区经理，但这不过是人事上的无奈之举而已，弊端很大。

因为，一直到最近为止都只是同事的店长很难甘心服从于新被提升为地区经理的人。同样，被这样提拔的地区经理在监督、指导店长时也难免会产生顾虑。其结果是，地区经理只能成了本公司的传话筒而已。

▼有能力的人能激活经营陷入低谷的地区

对地区经理的首要评价是，其在负责区域内指导店长的 13 周内（每年 4 次）提高了多少店铺收益。

店长的评价通过店铺每坪的营业利润来决定，地区经理有所不同，必须使营业利润有所变化。即店长难以确保应达成的营业利润时，地区经理是否指导店长并帮助其提高了规定的营业利润，提高了多少。这是地区经理的评价内容。

这需要以之前所述的 4 个着眼点为基础，对店长进行监督和指导。此外，还需要向其他店传播自己担当区域内店长独立履行工作的努力。

当然，这些都必须是为了提高每坪的营业利润。决不可有这样的商业策略，即虽然提高了目前的营业额，却影响了最终的收益。

由此，根据地区经理的能力和熟练程度的不同，决定负责区域的方法也就自然清楚了。

首先将一些经验不足的地区经理派往不需多大努力就能增加营业利润和顾客数量的地区。相反，在与其他公司的竞争中，有很多店铺顾客数量不断减少的地区，或达不到要求的营业利润的店铺比率较高的地区，则需要派遣能力高、收入高的人。

然后，根据这样的能力评价标准，每1年半至3年，安排地区经理区域间的调动。

4　监督员、视察员的职责

▼监督员为社长直接管辖

地区经理有效发挥作用是店铺运营组织建立的关键，也与提高各店铺间的竞争力相关。另一方面，随着店铺数量的增加，需要设立与地区经理不同的、维系本部和现场的职位。代表性的职位是监督员[①]。

连锁店经营中的监督员是主要监督现场是否执行了完全作业，指出未能有效实行的作业并加以指导的职位。此外，检查社长提出的重点课题是否在现场准确无误地被实施，并加以指导，这也是监督员的职责。

此时，监督员的指导对象是对营业利润等数值负责的职位，即店长、检查员等店铺运营管理人。

监督员的职能属于现场业务[②]。此处请参照图3–3–1的《连锁店的标准职位组织图》。所谓现场业务是指社长直辖的专业人

---

① supervisor负责对连锁店的经营管理人（店铺管理人、检查员）进行以下两项的指导、劝告：一、手册的解释；二、对社长提出的重点课题在现场的应用进行管理指导，不可对店员进行直接指导。

② line–staff指起草、决定与店铺运营和商品开发同时相关的营业活动上的新规定的专业人士集团，直属于社长。

士，除监督员以外，还有检查员[①]、店铺开发经理等职位。这些职位的最大特征是能对所有职能部门提出劝告和意见。

因此，即使是对于不同职能的创造主线[②]和经营主线内的商品本部、物流本部，主线职员也能提出劝告和意见。只是，如前所述，监督员的指导对象只是经营主线的管理者，所以即使可以对商品本部和物流本部提出劝告、意见，也不可进行指导。

▼监督员的职责

那么，监督员实际上都做些什么呢？如图 3-3-1 中的“主要任务”一栏所示，根据企业规模的不同，重点履行以下 3 项任务。

首先，店铺超过 10 家时需要设置监督员。在连锁店创设之初的 10 家至 30 家店铺这一阶段，主要监督作业分配是否恰当。此时，还必须注意的是劳动成本下降了多少，换言之，营业利润增加了多少。

在突破 100 家时，重点考察各店是否执行了完全作业，在未执行时加以指出和指导。此时，需要建立烹饪、接待顾客等的作业体系。但是，很多日本的餐饮业，在发展超过 30 家店铺后，作业体系没有进展，监督员也就不能发挥作用了。结果不用说突破 100 家了，不少企业还不得不从商界撤退。

---

① inspector 是指出现场工人技能方面的缺点，并加以指导的职位。此外，也负责对新的作业命令、手册实行情况的调查和追加指导。短期任命店铺内工作经验丰富的员工，职能是现场业务。

② creative line 指商品部。负责每坪或每个料理的毛利润、贡献盈余，或每个料理的销售量。

在突破200家，成为真正意义上的连锁店时，监督员的主要任务是在现场彻底执行社长提出的重点课题。此时，社长一般会就20个至30个问题点提出对策、进行改善。主要课题需要集中为一个。

因为，对所有问题点提出对策并进行改善的话，就会造成“做了或者没做”这样的随意检查，结果找不到问题的原因所在，也不可能加以解决。

▼向现场准确传达社长意思的人

谈到这儿，可能有人会说：“这样的话，地区经理和监督员的职责，不就一样了吗？”并非如此。

如前所述，地区经理的主要工作是帮助店长实现每坪营业利润的数值责任，所以对各店众多工作中需要加以改善和改革的地方提出指导和意见。

另一方面，监督员的主要工作是本公司现在从事的课题，特别是各时段不断调整、变化的重点课题。

例如，导入新菜单时、某个地区内爆发价格战时、以前的作业手册需要大幅修改时。此外，公司整体的促销、促销计划的取舍、繁杂的处理技术等也是监督员应做的。

为何这些由监督员来处理呢？因为这些课题的设定由地区经理兼任的话，达不到预期的效果。

现实问题是，地区经理如果认真履行数值责任制指导工作，每月、每周就不可能进行重点课题的指导。例如，所有店铺的促销打折活动。从利益角度来看，毛利润降低、现场的作业量增加、人员开支膨大、营业利润减少，所以不举办这样不利的促销为好。但是，为了给顾客留下深刻的印象、作为连锁店与其他公司展开竞争，举办几次这样的促销活动是必要的。

为了开展这样的活动，仅是下达通知的话，店铺现场可能无法理解其意义。因此，就需要监督员代替社长前往现场进行意思的疏通。为了进行这样的疏通，社长直接管辖的监督员需要独立设置。

▼监查和指导的前提是作业规则

除监督员外，从属于"总部事务"[①]的业务监查也是很重要的职位。业务监查的主要任务是找出现场的所有问题点，并向社长报告。此时，业务监查不可对工作人员进行直接指导。发现的问题点一部分告知店长，然后将大部分形成观察、分析、判断报告，向社长汇报。社长权衡问题的轻重，决定改善、改革、对策的执行顺序。

一般而言，问题点会有数个。如前所述，社长不可同时对这些问题点提出对策。以周或月为单位，逐个解决重点课题，短期内集中提出改善对策，这点很重要。

因此，业务监查应每 13 周 1 次指出问题点。这样的话，问题点就会浮现，也能逐一按顺序采取对策。然后，将此作为每周或每月的重点课题，确立监督员指导店长和检查员的机制。

店铺数超过 50 家后，现场发生的问题就很难传入社长的耳

---

① staff 属于起草社长命令职能的专业人士。其职务是为了完成企业的中长期目标，拟订经营计划，起草关于实行方法的社长命令，然后提交执行状况报告的特殊专业人士集团。

中。需为此设定业务监查和监督员。两者都是社长直接管辖的职位，本该直接向社长报告店铺的问题点。但是，日本餐饮业的监督员像信鸽一般，成了本公司和店铺之间的联络人，这是个问题。

为了确立监查和指导体系，必须制订与店铺作业相关的规则。店铺有 300 种以上的作业，首先必须将各种作业的动作和顺序数值化。如果没有明确的数值标准，就不可能确定指导的重点。

但是，日本的餐饮业即使制订了作业手册，也只使用“麻利”“干净”“迅速”等抽象的表达方式。指导时也都是些类似“鼓足干劲，加油”的指示[①]。

如果要确立监督员制度，那么必须制订第三方都能理解的作业手册、形成明确的规定，然后构筑与此相应的、明确的指导方法。

▼派公司“社宝”级人才担任视察员

如前所述，现场业务的职位中，和监督员同等重要的是视察员。但是，很多日本的餐饮业将监督员和视察员的工作混为一谈。

与不直接指导员工的监督员不同，视察员是指出现场员工技能方面的缺点并加以指导的职位。首要任务是“按照规则确

---

① instruction 是指示工作、作业的方法（动作、工具、程序）。但是，由于当事人有时间考虑实行更好的方法，所以，比起必须按要求执行的“命令”，其约束力不够。

保安全、进行质量管理”，然后进行“加工、装盘、接待客人或策划方案的特别指导”，以及“按照规则指导作业动作”。

另一个要点是，视察员不是常设职位而是临时职位。因此，当有不完全作业时，一般短期任命该店有经验的员工为视察员。此时，视察员并不是对所有员工进行指导，而是找出进行不完全作业的特定员工，对他们实施特别指导。

因此，视察员一般是商品部长的部下，从价值稀少这点来讲，比一般的店长更为重要。因为，在各个领域里，只有拥有一流技术的人才能成为视察员。所以年薪必须高于店长，还必须将其定位于公司内“社宝”级的人才。

▼领导能力的真正含义

前述内容是欧美国家连锁店 100 多年积累的技术诀窍[①]，因此，毋庸置疑，首先应该照着做做看。

在日本的流通业，特别是餐饮业中，这样的店铺运营、现场业务的定位、责任、义务都是极其暧昧的。

如果店长真是地区经理的部下，那么店长应绝对听从地区经理的指导。但是，现实情况是地区经理不过是和本公司或事务所联络的联络员而已。

监督员的状况也是一样的。即使拥有头衔，实际上不过是促销商品的搬运工而已，有时还替代缺勤的员工工作。而且，其上司有时是店铺运营部长，有时是区域总负责人。

---

① know-how 指实际有效完成某事的方法和程序。即使理论上是正确的，但难以找到具体的做法时，使用这个词语。

职位间的相互关系明确的话，那么店长在和地区经理、监督员说话时，就该站立不动、措辞严谨，如在高层管理人面前一样，是上下关系明确的氛围。

当然，这样的氛围也不是因为受到命令而被动形成的，而是在店长尊敬地区经理、监督员拥有的优秀能力的状况下，自然形成的。这才是领导能力。

连锁店经营中使用的领导能力一词并不是指统率力，而是指受尊敬的状态。

日本店铺运营的组织不能有效发挥作用，监督员、视察员制度未走上正轨之类的根本原因是该职位的人不具有值得店长敬佩的能力。

因此，社长应首先重新调查居于该职位的人的能力。

而且，在某个特定地区，以标准的监督员制度为基础，正确地进行实验。通过反复实验、组织建立，连锁店应有的制度应该能走上正轨。

第4章

业态、业态类型、开店对策

1　业态的重点之所在

▼与在顾客之间的人气直接相关

在考虑实际店铺的创建要素时，应最先指出的是“业态”。它容易被模糊地理解为“如何销售”的问题，但对此的解释因人而异。然而，理清这个问题是连锁化的绝对条件。

“业态”的英文是 type of operation for selling，即商品的销售方法。如果将此简单地理解为备齐商品或接待顾客的方法的话，就难以理解业态问题的本质。业态在连锁店经营中与顾客人气直接相关，而且是决定人气的关键所在。

但是，日本的餐饮业的经营者并没有认真对待业态问题。而且很多把业态类型相混淆。关于业态类型将在后面谈及。但必须知道这是一个和业态完全不同的概念。

首先需要正确理解业态的意思。这是获得顾客青睐、实现连锁规模快速扩大的出发点。

▼最重要的主题是“自助”化

业态论的内容是“该时期，采取怎样的销售方法才是合适的”。具体而言，是指逐一探讨业态的构成要素，思考合理的销售模式。其基本要素有 10 个。

A. 适当的规模

在连锁店用语中，所谓“适当的规模”，指“获得最佳效果的设施的面积”。店铺面积有几坪；进行餐桌服务的话，20席、50席、还是100席以上等问题。零售业的适当规模是指备齐商品，让顾客感到“品种齐全”所需的卖场面积。餐饮业中，商品的品种、目标顾客群[①]等决定了厨房面积和顾客席位的数量。如果规模不恰当，就成了“顺便去的店”“杂货店”，其他任何努力也都不会有效果。可见，销售业绩首先受到规模是否恰当的影响。

B. 良好的卫生状态

这是指比卫生管理中要求的干净、整洁更进一步的卫生状态。卫生状态决定了顾客光顾频率高，还是不再光顾。首先是客席的地板，其次是桌面、椅子、厕所，然后是入口周边的卫生状态。如何保持良好的卫生状态，这是个问题。

C. 自助

这是二战后的连锁店经营中，业态中最为重要的主题，是决定人气的关键。

日本的餐饮业中，常将自助错误地理解为餐桌服务的反义词。此外，也有观点认为家庭餐馆等导入的饮料吧台也是自助的一环。尽管与其有一定的关联性，但本质部分是完全不同的。

自助指创设顾客能自由、随意地选择商品的环境。顾客能自主搭配[②]商品是绝对条件。从这点来看，日本餐饮业中显著的套餐格式剥夺了顾客的自由，因此我们必须认为自助是从正面

---

① clientele 指本店作为主力购买层而假定的顾客群体。因为事实上很难满足所有人的所有要求，所以至少希望目标顾客群能满意。

② coordinate 指组合、调配数个商品后使用。

予以反击的一种创意。

此外，常见的是日本餐饮业的菜单价格，上下差达 1∶10，有时甚至达到 1∶50。而且，同一品种的价格设定也很细致，售价种类[①]非常多。这样的例子很多。

这些都是会给顾客带来困惑和不安的要素。必须消除顾客在选择品种时的不安和压力。这就是“自助”。表 4–1–1 汇总了自助的意思，请参考。

D. 等待时间

缩短顾客的等待时间，是业态问题中的一个重点。除了比较购买的乐趣外，还要实现对顾客而言没有浪费的“短时间购物”。以餐桌型服务的餐馆为例，其对策有 5 个要点。

①点菜前的时间

可以将此进一步细分为“进入餐厅后被引导至餐桌的时间”和“拿到菜单后至点菜为止的时间”。

②提供菜单、餐具、饮用水的时间

③点菜后到上第一道菜的时间

④点菜后到上最后一道菜的时间

⑤向服务员提出结账到结账完毕的时间

这些中，很多店铺最为重视、想要缩短的是①。但是，从顾客一方来看，最在意的是③，这是连锁店的经验法则。

所以首先需要优先考虑③，设定的等待时间是多久，然后如何实现。美国餐饮业的快餐食品之所以能占很大的市场份额，

---

① price line 指售价的种类。以最畅销的价格种类为主，从销售实验中选择 1 个品种（称之为恰当价格），然后在其周围集中设定 2 个至 4 个价格种类。

就是因为彻底解决了这个问题。

E. 菜单的表示方法

这也可以说是菜单的分类方法。这也基本上是自助的，重要的是让顾客选择时没有困惑，为此需要具备以下 5 点。

①品种少

②品种应大致区分为主菜、副菜、酒水饮料、甜点

③缩小各个品种的价格上下限差

④店方特别推荐的品种按②中的 4 个分类明确表示

⑤推荐时令菜品[①]（季节商品）

此外，可以的话，⑥清晰说明本公司独特的食品材料的特征。

但是，很多日本的餐饮业没有重视这些本质问题，而仅关注图片效果和视觉效果。因此，菜单没能突出重点，这样的例子有很多。

还有一个问题是没有列出健康食品。此外，很多公司热衷于“××公司栽培的蔬菜”的表达方式。其实，这些信息对顾客而言没有意义，不过是店方的自我标榜而已。作为业态问题的表述方式，必须思考顾客真正需要的信息有哪些。

---

① seasonable item 指季节商品，到了某个季节公司肯定推出的品种。销售 13 周以上的，属于主力商品。不满 13 周的，属于时令商品。

表 4–1–1　自助的意思

1. 本质

所谓服务是指①接待、应对客人（不用耳朵）

②让顾客由衷地满意（用眼睛）

2. 解释

(1) 省力化（不是店员马虎应对）→不是节约人工费的对策

(2) 不将收款处设置在店内的一个地方

(3)

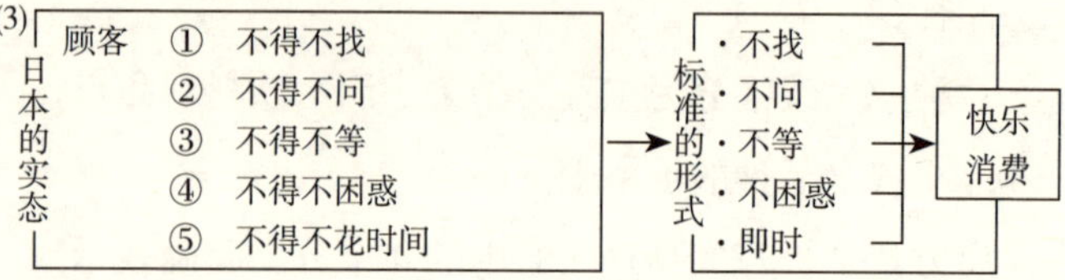

3. 意思

	目的	本质	基本方法
×	No service	马虎应对，店铺轻松	省力化、人员削减对策、人工费节约对策
◎	Better service	各种努力（反复调查和实验）	开发对顾客而言更便利的销售方式

▼从制订作业规则开始

以上谈论的是与商品、服务、连锁店总体系的建立等相关的要素。此外，有关开设店铺、提供方法的具体要素、规则也是必要的，具体有如下 5 个。

F. 内部装修的视觉、照明度

关于视觉，重要的是色调，特别是主色调和辅色调的用法。不仅是店铺的墙面、椅子、餐桌，还必须考虑盆栽等搭配。当然，也与室内的亮度相关。

此外，由于店铺所用材料的材质、卫生状态的维护、尺寸与顾客的舒适度相关，所以也必须一同考虑。

G. 作业用的器械

此处最重要的是，决定厨房内进行最终烹饪加工的程序，然后选择最合适的、单项功能的器械（不是 1 台器械可以做多种烹饪，而是专门做一项烹饪的器械）。因为这会在商品的质量、提供时间等方面左右顾客满意度。

日本餐饮业的订货登记系统能有效缩短时间，但是从业态的视角来看，这并不是什么本质问题。

比较而言，店铺后方的器械更为重要。

H. 顾客席位和厨房的布局

室内通道的宽度、拐角的数量、地面的材质等，也是大问题。因为这些都与作业的难易度相关。服务员动作麻利，容易获得顾客的好感。在考虑业态问题时，这也是个重要条件。

I. 工作服

从决定印象的角度来看，这也是业态论的重要要素。除了服装以外，服务员的发型、仪表、接待顾客的方法等也需要统一。

J. 各项作业的规则

实践销售方法的绝对条件是在手册中明确各项作业的具体操作流程。作为要素，包含工具、动作、顺序等三项。擦碗布、抹布的拿法等也是问题。必须知道，在演习[①]中就能完全作业的也不过 15 家而已。

▼解决问题的出发点是进行彻底的店铺比较

以上主要谈了 10 个要素，除此之外，能否设立优势区域也

① role playing 指被训练者与实际一样进行演习、掌握方法的角色扮演。

是业态的问题。为了设立优势区域，必须统一外部装饰和形象，因为这与顾客利用的便利性相关。

通过以上分析可知，业态问题必须采取的对策范围很广。即使店长一人再有能力、再怎么努力，也无济于事。

现在，顾客期待什么样的销售方法？为解决业态问题首先进行彻底的店铺比较，以找到最新、最理想的业态，必须将此作为计划[①]付诸实施。

依靠某个人，比如社长的提案而形成业态。这样的例子在日本的餐饮业中有很多。那样的话，就不能说明“为什么那样的销售方法是好的”。即使问社长，也是无意间想到的，所以还是无法回答。这样就不能形成企业的技术，也不能扩大规模。

有人说，顾客喜爱的业态随着时间的发展而发生变化，所以需要经常重新审视。

的确，即使在美国，100 多年前，自助还不是主流。顾客感觉到的舒适度也会以 20 年、30 年为周期而发生变化，这是事实。但是，对如此长周期的变化，采取“变成这样的话，这么办”的方法是不对的，加以探讨也没有意义。

▼顾客的“舒适度”是条件

正因为如此，唯一的对策是比较店铺。寻找该时代获得顾客支持的销售方法的实例，观察、分析、判断有没有可以引入

① project 独立于一个总目的之下的课题。内容包括：a 目的和目标（数字和状况）；b 部下；c 经费预算和资金量；d 绝对应做的事（轨道）；e 绝对不可做的事（决定限定的内容）；f 期限；g 组织上的协助职位名等，以文书命令的形式明确表示。

本公司的内容。在此基础上，每 13 周 1 次向高层汇报有关新业态的方案。此时当然需要同时指出现有业态应改善的问题点。

然后，对新业态进行实验。首先在 1 家店进行实施，如果未有预期的理想结果则返回分析阶段。成功的话，在 3 家店，然后以地区为单位的 15 家店等，逐步实施，此时也成功的话，则扩大至所有店铺。这是业态开发应有的过程。

今后餐饮业的业态应具备的条件，有以下 7 点。

①不等待

②不寻找

③不困惑

④能立即决定

⑤休息、安定、宽松

⑥无论在店内还是店外都很快乐

⑦还想再来的状态

用一句话概括就是顾客的“舒适度”。思考、找到自己的店在这些中所缺乏的，是业态问题的出发点。

2　业态类型问题的本质是什么

▼业态类型是指"以怎样的 TPOS 为目标"

之前谈到容易与"业态"相混淆的是"业态类型"[①]。下面我们就来先梳理一下这个问题。

如前所述，业态指销售方法，需从 10 个要素进行考量。与此不同，业态类型是指：①什么样的商品，②针对什么样的顾客的 TPOS[②] 而销售的问题。

从历史来看，可以说无论哪个产业的新市场都是由新业态类型创造的。不仅是零售业和餐饮业，还有建筑业、金融业等领域，在开展新的商业、吸收新的顾客时的业态类型，就是广泛意义上的业态类型。

日本的餐饮业在开设新店时常说"开发了新业态类型"。但是，其中很多是因为没有正确理解"业态类型"一词的意思而误用的说法。

新业态类型是指开拓了新的商业领域，所以一般必须满足与现在的消费者需求（生活样式）完全不同的别的需求。而且，这

① format 指在美国，通过作为连锁店被确定的备货品种形成的店的种类。使用角度决定了 TPOS，与"业态"相区分。

② Time, Place, Occasion,（life）Style 指各用途。详细考察什么时间、什么地点、什么样的动机（真正想做什么）、什么样的生活方式是恰当的。或者分析、判断的方法，最新的商品分类标准。

个需求的开发必须以将来也会持续，并有所扩大为前提。

即使以前没有，但以后能获得消费者的大力支持并被接受是新业态类型的条件。

例如，快餐食品[①]也是在30多年前抢占了日本市场的新业态类型。

毋庸赘言的是，这种业态类型的特征是：①提供速度绝对快，②简易就餐或者能打包回家，③价格占餐饮店[②]的三分之二、宾馆咖啡馆的三分之一。

其中的任意一个特征都在开发时就已经抓住了下一代的需求。日本也在过去的30年间，以这样的方式迅速扩大了店铺数量。

▼一种业态类型不能超过30年

从顾客的角度来看，这种新的业态类型，满足了新生活需求。从企业的角度来看，则是支持企业整体的“下一代的主力”。也可以说是在下一个时代的大海上航行的“新船”。

这样的话，业态类型必须每个时代都“换乘”。

再怎么出色的业态类型，也不能维持超过30年。这点被笔者至今为止的顾问生涯所证实。其以“零售之圈”理论而闻名于世的美国哈佛大学教授M.P.马尔克姆教授的想法为基础。

---

① fast food service 是餐饮业的一种类型。顾客点单后1分钟内提供相应的料理。在美国，20世纪80年代是发展最快的时期。

② coffee shop 是餐饮业的一种，24小时廉价供应以早餐为主的小吃，不是咖啡店。在美国，以3至5美金这样的传统餐馆一半的价格为主，推进连锁化。

那就是一开始就认识到，一个业态类型有 30 年的寿命，最初的 10 年以该业态类型在竞争中领先于其他公司，20 年后准备好“改乘的下一个船”，然后在 30 年后以新船为主力业态类型蓬勃发展。

究其根本，创造业态类型是按照以上的逻辑而发展的长期经营计划中的一环。

基于这样的观点，新业态类型必须具备以下 3 个条件。

第一，如前所述，新业态类型必须是获得下一代消费者广泛支持，且被接受的。第二，需要推出新的商业模式新机制，及之前没有的经营体系。第三，预先反复推进体系，建立不可或缺的调查和实验。这些不分产业种类，是业态类型开发的绝对条件。

▼将“价格、味道、便利”做得充分

但是，餐饮业采取的大部分新业态类型都没做到这三点。如前所述，日本餐饮业至今为止出现了各种“新业态类型”，引起了大众媒体的关注，但大部分的的结果都很让人遗憾，原因就在于此。

开发新业态类型对企业成长是不可或缺的。在市场缩小、店铺过剩的形势下，“为了发现新市场，让企业有所发展，新业态类型是必需的”。这样的见解在经营战略上也是妥当的。

但是，日本的餐饮业存在一个根本性问题。那就是，很多自称是新业态类型的没有将“价格、味道、便利”这三点做充分。

原本，必须就这三点向消费者提供更多的利益，店铺却没有这样的打算。“模仿做得比较好的店”的想法占了大部分。这样的话是不可能成功的。

更何况是“有的话就方便”“好的话就能赚钱”的安逸态度，这对于企业而言是致命的。

不能这样，而应该设想将来的营业额会达数百亿、数千亿，店铺也会增至数百家，因为这是20年后、30年后支持本公司的大计划。

因此，新业态类型的开发负责人必须是部长、室主任、董事中最优秀的人才。而且，要以50多岁、经验丰富的人为主任，40多岁的人为成员，再加上35岁至40岁的调查研究员。一开始就需要组建5人至10人的队伍。当然，调查、研究的预算，特别是出差预算必须准备充分。

▼业态类型不同，食品材料的进货渠道也不同

那么，餐饮业今后应该以怎样的业态类型为发展方向呢？

如前所述，所谓业态类型是指针对某类顾客的某种购买动机，提供一定价格和品质[①]的商品，通过这样的方式，自动分类的商品种类。

只要是连锁店，相当于“某类顾客”的顾客层就必须扩大至广泛的大众群体。不可仅以女性顾客为主，或者年轻人、高收入者、趣味性爱好者为主。

创建新业态类型之初应考虑的是价格。也就是能否打出更

---

① quality 指从使用（食用）方来看，比较适当的商品性质或者功能。价值（value）由价格和品质决定。

低的价格。

为此，第一种方法是确保独特食品材料的进货渠道。在第五章中也会有所谈及，这是打出更低价格的绝对条件。

考虑业态类型时最为重要的是，即使是同一名称的菜单，价格不同的话，就会成为另一种业态类型。因为，价格不同，其 TPOS 就会完全不同。

关于这点，日本的餐饮业完全没有深究。虽然理解了单价 500 日元和 1500 日元形成的不同的 TPOS，却未能理解 300 日元和 500 日元，或 1000 日元和 1200 日元的价格差产生的 TPOS 的不同。

例如，如果有单价 200 日元差异的两种业态类型，那么就必须分别确保与价格差相应的食品材料。当然，这两种的进货渠道也必须完全不同。现在，在日本自称拥有多种业态类型的餐饮业，真的做到这点了吗？这是个很大的疑问。结果，大部分都不过是些简单的多样化[①]而已。

▼生产效率是否有飞跃性的发展

在考虑业态类型时，还有一个重要问题是“生产效率”。

这点将在第七章详述。日本餐饮业的最大不足是，人均每小时收益特别低下。换句话说，这表示作业体系依然采取陈旧的人海战术。

因此，构筑新的作业体系，让人均每小时收益有飞速发展是新业态类型开发的一个重要条件。

---

① diversification 一个企业多重组合、经营某项事业，构成多样化经营。

由此来看，需要不受食品材料、设备、器械在内的既存事物的限制，从零开始重新研究体系。

当然，创建新业态类型时的实验方式，也必须以此为前提。在实验阶段，可以灵活利用既存的店铺，但必须替换以前的设备、用具，甚至变更员工的工作动线。如果不更新烹饪间、后台①、顾客席位的布局，就不能进行新的作业体系的实验。

当被问及日本的餐饮业"开发新业态类型会给公司带来什么好处"时，大部分都只是提及营业额而已。关于新业态类型在根本上应注重的收益性，大部分都只能给些模糊的回答。作为收益之源的人均每小时收益和劳动增加值在新业态类型之下会有怎样的变化？能回答这个问题很重要。

如果不能回答这个问题，那就意味着新业态类型创建的方向错了或从事的态度不够认真。

---

① back room, stock room 指店铺卖场以外的，顾客不可进入的地方，也称后方、后方区域。

3　正确的增加店铺数量的方法

▼各个成长阶段的课题

为了将企业扩大至别人无法效仿的规模，即使开发了能托付企业未来的业态类型，也还必须克服一些课题。店铺发展的各个阶段的课题如表 4-3-1 所示。对此，该采取怎样的对策，连锁店领域确立了一定的经营准则。

最先面临的课题是突破 30 家的壁垒。创业 1 号店兴隆发展，进行连锁化时，至 15 家店为止通常能顺利地展开。但超过 25 家时，收支不平衡的店铺就出现了，为了处理这些问题，停滞不前的例子很多。

其原因是数据分析管理和报告[①]制度没有确立。因此，在超过 10 家店铺时，为了保证报告的正确性，首先必须统一词汇的定义。而且，经营者一个人能管理的店铺数量最多是 30 家，所以必须在此之前培养地区经理。

接下来的一个难题是 60 家的壁垒。一般在这个阶段，难以获得同品质的食品材料，味道也开始不稳定。因此在达到这一阶段前，需采取正确的食品材料对策和供给源开发活动。此外，为了统一品质，还需要统一工具、将作业简单化。此时，为了

① report 指职务的最终阶段。向上司汇报被分配工作的完成情况。只要没有完成报告，那么职务就没有结束。专业人士有义务以报告书的形式向上级汇报。

实现作业集中化，需要建立中央厨房和加工中心。

然后，为了突破100家店，必须统一干部之间的想法和行动。为此，需要在较早的阶段开始培训干部候补人才。

培养干部最重要的是培养其科学地探究因果关系的能力。只要具备这种能力，在发生问题时就能最先采取改善和改革措施。这项工作只有经过系统的教育才能掌握。

当然，还必须全力培养在现场进行完全作业指挥的店长。只有采取了这样的人才对策，才有可能实现3位数的店铺。

然后，在店铺数量达到3位数后，财务对策就会成为大课题。如果不能做好财务和人才对策两个方面，那么就不可能突破200家的壁垒。

此外，在以500家为目标时，会再度直面筹集食品材料的问题。其中最难的是生鲜食品的筹集。在此需要预先做好包括开发进口在内的、彻底的供给源开发活动。

表 4–3–1　各发展阶段的“手术”原则

特征	店铺数量	课题	该时期应强化、重组的职能	“手　术”	
				不良状况	适用店数
初期管理时代	加油时代 （1—7 家店铺）	①构想 ②廉价 ③物色人才	* 高层管理者	· 错误迅速增加 · 坏人横行霸道	5 家
	发展多家店铺时代 （15—26 家店铺）	商品的差别化 ①数据分析管理制度和报告制度 ②积极投资 ③增资	* 后勤服务（事务）	· 数字不正确 · 报告抽象	15 家
体系准备时代	新商业圈时代 （30—50 家店）	建设企业文化 ①教育（调动和知识体系化）强化 ②商品部的更换 ③定期录用大学毕业生 ④中央厨房和培训中心	* 社长直辖的现场业务 * 总公司事务（财务和教育）的独立	· 过于自信 · 教育崩溃	30 家
	第 1 个重建时代 （60—90 家店）	沟通 ①灵活物色人才、中途采用和再训练 ②资格考试制度 ③评价标准的变更（向数值责任制发展） ④数值表革命 ⑤着手供给源开发活动	* 高层管理者的变更 * 后勤服务（事务）的重建 * 商品部的大型组织化	· 损失的机会增加 · 亏损部门没有改善	50 家
	第 2 个重建时代 （100—180 家店）	总公司重组 ①白领的减员 ②商品开发 ③品质维持 ④作业体系的重组	* 同族的整理 *5 个职能、3 个阶层的严格区别 * 店铺运营的简化 * 干部再特训	· 无责任体制的扩大 · 不良官僚制度的蔓延	80 家
真正的连锁化时代	利益时代 （200—500 家店）	裁员 ①通过重组进行构造改革 ②国际标准转换 ③中央厨房的重组 ④长期经营计划 ⑤财务对策	* 数值责任制 * 职员、社长分设责任体制 * 现场业务和计划小组的全力工作	· 无能干部激增 · 整个体系制度疲软（因循守旧）	120 家

▼ "地方连锁"的数量很重要

接下来重要的是，以怎样的方法开设该种业态类型的店铺，并扩大至可称为连锁店的店铺数量。

考虑这个问题时，首先必须明确的是，全国连锁[①]、地区连锁[②]、地方连锁[③]3个词的意思。在日本，有这么一种倾向，即将从北海道地区至九州地区各设有一家店铺的连锁店，称为全国连锁，这是个很大的错误。

原本，区分连锁店为全国连锁、地区连锁、地方连锁等并没有多大意义。在连锁店经营中，衡量连锁经营规模的单位只有地方连锁。

地方连锁是指，在拥有约120万至250万人口的商业圈[④]，以地毯式轰炸的方式集中开设10家至30家店铺的状态。这样的地方连锁在其他地区有2个以上的话，就可称作地区连锁。而地区连锁有2个以上的话，就可称为全国连锁。因此，在全国的4个商业圈中集中开店，就能称为全国连锁。

所谓全国连锁并不是指在全国各地都有分店。此处重要的是连锁的最小单位、地方连锁是否被建立。这是开设店铺的战

---

① national chain 指有2个以上地区连锁的连锁店，并不是指在全国各地分别设有1家店铺的连锁店。

② regional chain 指有2个以上地方连锁的连锁店，并不是指横跨省的连锁店。

③ local chain 指各店铺的商圈相邻接的连锁店。在一个商业圈内有11家以上的店铺，而且各自的商圈相邻接。

④ company operating zone 指在某地集中开设本公司的店铺，以取得该地区过半市场占有率为目标。指本公司店铺集中的地区整体。

略要点。

▼优势区域的本质是小商圈化

是否形成了地方连锁是指是否在前述的商业圈中开设了店铺，更准确地说是是否形成了优势区域①。

所谓优势是指在某个商业圈内的某个价格区间，其 TPOS 在外用餐购买力的过半由一家连锁店独占的状况。即有其他公司几乎不能进入的绝对优势及在该区域内占据最大的市场份额。

因此，形成几个优势区域是推测数年后连锁优劣的最大依据。

在建立优势区域中最重要的指标是每家店铺的商圈人口。所谓商圈是指来店顾客的 80% 是当地居民、上班族、学生的区域。问题是该地区内有多少人口，才能开设店铺（能确保一定的收益）。

这个数字越少，能开设的店铺数就越多。连锁店为了发展，就需要努力减少商圈人口。

为此，首先是价格，必须通过降低合适的价格提高顾客的来店频率，并将顾客固定化。然后，需要应对今后消费者需要的短时间消费。

更重要的是要根据顾客的 TPOS 完善品质，使商品质量达到最高。品质当然包括向健康食品化的发展。即需要完善第五章论述的商品问题的操作方法。

此外，需要知道即使优势区域也不可能持续 5 年以上。因

---

① dominant area 指获得顾客绝对支持的区域。商界中的“金城汤池”。商业圈内本公司集中开设的店铺（一般有 11 家以上）间商圈互相连接，而且被一类商品垄断（65% 以上）的区域。

为必然会有其他连锁店侵入。

所以，为了能一直持续维持 3 个至 4 个优势区域，需要制订周密的 5 年至 10 年的计划。即使在某个地区失败了，3 年至 7 年后也可卷土重来、加以反击。

▼ ROA 最低 10%，投资周转 1.5 倍是原则

在开店战略上，需要考虑具体的开店对策。日本餐饮业的根本问题是只考虑店铺装修。

怎么做才能增加顾客数量、营业额，阻止它们减少呢？这样考虑时，比起开店对策，大部分的经营者，更多关注的是店铺装修。关于商品，话题也集中在价格上，而没有涉及到质量。但是，比起价格更该讨论的是质量。

另外，关于店铺装修，都是些有关外部装修、内部装修、顾客席位数、家具、照明等设备的话题，几乎没有触及最重要的投资问题。

首先应该考虑的是，作为经营，对于 1 家店铺的投资是有效的吗？衡量这点的标准是总资产周转率。总资产周转率的数值因营业利润率而有所不同。

总资产周转率是每年销售额除以每家店铺投资额的比。总资产收益率（ROA）应该保持在 15%，最少在 10% 以上。ROA 是 10% 的话，总资产周转率为 1.5（参照表 4–3–2）。

表 4-3-2　餐饮业应达到的经营效率数值（以年为单位）

◎ 现在最重要的效率　○ 分析时的重要效率
※ 长期作战时的重要效率　◇ 需最重视的效率（2009 年）

◎	1	总资产收益率	股份公开企业 15%、未上市 18%–22%（一定超 10%）	因为效率 2× 效率 3= 效率 1，所以为了使效率 1 达标，必须提高各项数值
○	2	总资产周转率	以突破 1.5 次为目标	
	3	营业收入经常利润	超过营业利润	
◎	4	营业收入营业利润	毛利润的 20%，以“利润分配率”为标准	
	5	每股的纯利润	100 日元以上，力争 200 日元以上	
	6	自有资本净利率	10% 以上	
※	7	自有资本构成比率	30% 以上，力争 40% 以上	
※	8	利息保障倍数	不满 5 是资金筹措拮据，5—10 是刚够，80% 以上是有未来投资延迟之疑	
◇	9	总销售额增加率	既有店铺超过消费者物价指数，整体在 20% 以上，非 Big 在 50% 以上	
	10	经常利润增加率	超过效率 9	
◇	11	总销售额总利润（毛利润）	股份公开企业的各业态类型的平均值	
◇	12	店铺面积每坪销售效率		
◇	13	商品周转率（库存资产周转率）		
	14	销售资产周转率	销售资产周转率 > 应付账款周转率 ×2（力争 ×3）	
	15	应付账款周转率		
※	16	周转资金差	必定为正数	
◎	17	利润分配率	不低于 20%、15%	
◎	18	劳动分配率	Big store 是 38%，非 Big 是 40%，工资分配率各为 34%、36%，店铺为 34%	
○	19	不动产（设备）分配率	18%，努力目标低于 25%	
○	20	促销分配率	6%，最高 10%	
○	21	劳动增加值	1000 万日元以上（必须达到劳基法的标准，所以最低 800 万日元以上）	
◎	22	员工人均面积	店铺 10 坪以上	
※	23	人均工资	350 万—420 万日元	
◎	24	每坪营业利润	10 万日元以上，目标是 15 万日元以上	
○	25	每坪库存量	低于股份公开企业的各业态类型平均值	
※	26	收支平衡点销售比率	70%—80%（首先以 80% 为目标）	
※	27	员工平均年龄	应该为：男 30—34 岁，女 24—28 岁	

注：Big store= 年销售 50 亿日元以上　非 Big= 年销售 50 亿日元以下

1.5周转是企业全体应完成的数值，即新的店铺必须超过2周转。年销售1亿日元的话，其投资额是5000万日元，年销售5000万日元的话，投资需要控制在2500万日元以内。但是，总资产周转率的实态是在1.5以下，有的甚至低于1。其最大的原因是每坪的保证金、押金、土地建筑的投入费用太高。

店铺数量不增加是因为没有进行这些基本的计算。然而，很多以不景气为原因，或以商品不符合需求、没有更新为原因。更有甚者，将销售额不增加归因为待客不周。

但是，比起眼前的这些，更应该关注投资本身。虽以增加店铺为目的，却进行了使其难以实现的投资。所谓“难以实现的投资”很多都是对1家店铺投资过剩。这不是总投资额的问题，而是每坪投资额的问题。

一般而言，无论是哪家店都会计算每坪的销售额与毛利润，所以，比较的数字当然必须是每坪的投资额。

▼比起销售额，更应关注收益率

餐饮业中经常会听到“那个店铺选址很好”。那个“选址好”的地方往往是指地价或租金①贵的店铺。

比起泡沫时期，虽然地价相对稳定了，但餐饮业中所称的“选址好”的店铺行情超过了每坪100万日元。东京都内的繁华街道的行情为每坪1000万日元。

另一方面，郊区购物中心的地价为15万至30万日元。每

① 以特定顾客为对象，长期以一定租金出租店铺。

坪 1000 万日元的店铺和每坪 20 万日元的店铺所需的销售额也有很大差别。即以每坪 1000 万日元投资而建的店铺销售额必须是每坪 20 万日元店铺的 50 倍才能有同等的利润。

最重要的是考虑为了使 ROA 首先达到 10%，总资产周转率需要多少，然后再开店。开店后也不可仅关注销售额，而是要看总资产周转率和 ROA 的数值，准确分析开店成功与否。

此外，在连锁化的初期阶段，需要更改物件的契约内容。例如，10 店规模的企业需拥有 1 家店铺的土地和房屋两者的所有权，1 家店铺两者之一的所有权，以及 2 家店铺的房屋所有权，余下的 6 家应该两者都以租赁的方式。这样的话就能拥有担保能力，对金融单位产生信用，顺利进行连锁化。

但是，很多日本的餐饮业从初期阶段开始，对开店计划就很草率。当问及经营者或店铺开发负责人有关店铺和选址的问题时，大多回答“这儿地价便宜，但销售额低”“这儿租金贵，但销售额高”等。另一方面，当问及收益率如何时，大部分都不能回答或不能确保营业利润。

一般而言，如果是成长型企业，其营业利润必须确保是毛利润的 20%。如果毛利润是 70%，那么与销售额相比的营业利润就应该是 14%。但是，很多日本餐饮业的营业利润在 4% 以下。这是因为没有建立确保收益率的体系。特别是在开店时没有意识到收益率，也是个主要原因。

店铺的契约费用，无论是哪个行业，一般的行情都是每坪 10 万至 30 万日元。由此来算，如果推进连锁化，每坪的租金应该是 6000 日元，小规模店铺的话应控制在 12000 日元以内。然而实际上，车站前的繁华街道是 3 万至 5 万日元，是始发和终点站的话，甚至高达7万日元。以年度来换算的话，仅租金每坪就需支付84万日元。这样的话是不可能有利润的。

4　今后会受到关注的选址是哪儿

▼大商圈型的选址，假说和验证都不成立

毋庸赘言，从经营效率和投资效果考虑开店地址的话，在地价低廉的地方开设店铺对企业成长更有效。实际上，大部分在流通业界有所发展的企业都来自地方城市。在地方开设 1 号店后，在该地区增加店铺数量至 10 家、20 家，然后把规模扩大至全国。即使是在大都市设置据点的企业，只要属于成长型企业，最初必定是在郊外开店，而不是繁华街道。首先需要关注这点。

近几年，东京都的中间地区和新丸到处都是观光名胜型的大型商业设施。让人惊讶的是，在这些商业设施内，实验性质的新开的店有很多，即用日本国内屈指可数的高额租金开店。即使偶然在该选址获得了成功，也未必能在其他地方成功开店。

首先可以说的是成本差异太大。更大的问题是假说和验证都不成立。因为大型商业设施是极大的商圈，所以顾客的来店动机很难掌握。无法确定推测的假说和顾客的实际来店动机之间的因果关系，无论设定怎样的假说进行实验、验证，其结果也不尽相同。因为，大部分顾客不是有目的地来店，而是偶然经过而已。即大商圈型的店铺没有作为店铺的标准形式，不能标准化。这在 100 多年前就已经很清楚了，是流通业的常识。

▼商圈人口的考证需要在人口较少的地方

那么，商圈人口为几万人合适呢？如果以建立 4 位数的店铺为目标的话，商圈人口必须在 5 万人以下。200 家至 800 家店铺的话，商圈人口为 5 万至 7 万。100 家的话，商圈人口需在 15 万以下。相反，选址在 50 万人口的商圈的话，就永远不可能超过 50 家，商圈人口超过 100 万的话，不可能有 15 家以上的分店。

如果想通过增加店铺数量为社会做出贡献的话，首先应该在商圈人口 15 万人的地方开始，然后逐渐减少至 7 万、5 万。但是，在 30 万人口的都市进行 5 万人型的实验就没有意义。而且，为了验证能否发展多家店铺，作为实验性质的店铺，最少需要 6 家。

而且，即使设想商圈人口为 5 万，实际上可能有 15 万至 20 万。例如，即使店铺所在地的城市人口为 5 万，周围没有竞争的话，人口就会从周边流入，而增加商圈人口。

在发展多家店铺时，首要问题是该业态类型能否增加店铺。在从 3 家发展至 10 家时，比起机构问题、人才问题，更多的是在选址问题上受挫。因此，应该考证本公司商品需要几万人的商圈人口。在人口较少的地方进行考证能较快得到结果。

能顺利销售商品的选址有利于建立成本控制体系。由此能将管理体制标准化。

日本家庭餐馆蓬勃发展之初，首都圈的开店地址是国道 16 号线的干线道路沿线。其理由是，这个干道周围人口较少，适合实验和考证。在反复、准确地实验之后，开始发展多家店铺。

日本的餐饮业也有这样的经验法则，所以必须认真学习这点。

▼郊外路边店之所以衰败是因为不够便利

曾作为日本餐饮业产业化的支撑、在郊外选址的路边店正在向 SC 集聚发展。1985 年后持续约 20 年蓬勃发展的郊外干线道路沿线的路边店①，现在顾客数量减少了。这个问题是全国规模的，其主要原因在于顾客的便利性。必须理解这点。

其衰落从 1995 年左右开始出现。原因是利用干线道路的汽车的增加。交通量增加会引起什么呢？并不是直线近距离的同行业其他公司的竞争。即道路两侧的店铺相互间不是竞争关系。因为干线道路本身就划定了分界线。

其原因是交通量激增，中央分离带变长了。以前每隔 200 米至 500 米集中开设店铺。但是因为中央分离带的出现，店铺集中区域被分成左右两个，对顾客而言极其不便。

例如，驾驶途中远远地看见了店铺，正想进入店铺时，如果店铺位于对方线路一侧的话，会因为中央分离带而无法右转。不向前行驶 500 米，就不能右转，糟糕时甚至要向前行驶近 1500 米。但顾客走那么远后是不会回头的，还会因此对该店产生“选址在那个地方的店铺真不像话”的坏印象。其根本原因是汽车化②，但顾客并不这么理解。

---

① free standing 指单设立一家店铺，在日本称作路边店。其反义词是购物中心开店。

② motorization 指变成全部以汽车为中心的生活。汽车在普通家庭极度普及，从家中去上班、购物、交易、休闲娱乐等，都使用汽车。随着道路建设的发展，延伸至了郊外，在很大程度上改变了原来的选址。

在这样的背景下，开设路边店的趋势减弱。已经开设的店铺也不得不面临搬迁。

其搬迁目的地是郊外购物中心（SC）。必须注意的是比起室内购物中心①，更多的是室外商业街②。SC可以通过和地方自治体的交涉，在店铺前的公路上设置信号灯和右转车道。这点对顾客来说非常方便。

但是，餐饮业界的人士却没有注意到这个事实。关于郊外路边店衰败的原因，最近常会听到有人说是因为道路交通法的强化所致（饮酒驾驶管理的强化），但实际上只是因为给顾客带来了不便。也有人指出说是因为停车场不够，但对于顾客而言，进出店的问题更为重要。

▼ SC 内开店应以室外型为目标

最近常有人谈论餐饮业在 SC 内开店一事。实际上增加的不是以超市为核心的日本传统型 SC，而是零售专卖店入驻的新形式。

由于 SC 的增加，人口流动多少也会发生变化。为此，必须考虑在 SC 内开店。但是，必须预先调查哪种 SC 对餐饮业有益，并制订一定的战略。开店原则已由美国的连锁店确立。表 4–4–1 汇总了有关内容，请参考。

这 5 年间明确的是，无论从哪个角度来看，室外型购物中

---

① enclosed mall 指带屋顶、空调的商业街，箱型 SC。所有店铺面向内侧的商业街。

② open–air center 指在公路和店铺建筑物之间，拥有大面积免费停车场的购物中心。对顾客而言，店铺不论大小，都能就近停车，这点很方便。店铺是平房，不需要空调和停车指挥员。无论哪家店铺都能自由决定营业时间，这也是一个优点。

心很强势。其原因不是因为是在郊外，也不是因为是 SC。开业以来顾客数每年持续增加是室外购物中心的特征。从这个意义上来讲，室外购物中心的竞争优势在开业 3 年至 5 年后才会显露。

现在，室外型的购物中心不断增加，其比例在美国约 97%。但是，日本的餐饮业去美国参观考察时，考察对象是只占 3% 的室内购物中心，自认为室内购物中心才是主流。

美国大部分的室外购物中心是NSC[①]，商圈人口为25000人，来店频率为每周 2 次。在 NSC 开店的餐饮业以快餐为主。

室外购物中心中第二多的是被称为 PC[②] 或者 CSC[③] 的中型 SC，商圈人口为 5 万至 10 万。但是，在日本这样的形态很少，大部分都是室内购物中心。

如前所述，在人口 50 万至 70 万的大型商圈开店的话，很难正确把握商圈和来店动机之间的因果关系。而且，今后那样的设施在日本全国预计不会有 100 处，最多不过数十处而已。而且，顾客的平均来店频率不到 1 月 1 次，大部分是 2 至 3 个月 1 次。

这样的话，还不如在繁华街更有利。因为店铺可以不受营业时间的限制。

---

① neighbourhood shopping center 指以超市或者综合商店为核心的室外小型购物中心。在美国租赁面积约 1200 坪—4200 坪，占地 1 万坪—1.8 万坪。

② power center（a）折扣店，或者（b）工厂直销店，或者（c）两者混合型的购物中心。

③ community shopping center 指以折扣店为主要核心的中型购物中心。都是室外型的。在美国必要的商圈人口为 5 万—7 万，占地 1.2 万坪—1.5 万坪。

在大型 SC 保持竞争优势的是 GMS① 等。但是，一般在 17 点以后顾客数量会明显减少，对于以晚餐为目的的顾客而言，非常不方便。

表 4-4-1 开店的绝对原则

		×	○
A	类型	主观设想	美国的连锁店
B	店铺的布局方式	×× 点型 × 线型	建立优势区域 （建立环状开店网）
C	选址	车站前、车站后、商业街	新开发的住宅地 （含将来的扩张用地）
D	用地	6000 坪以下	NSC 7000 坪以上、CSC1.5 万坪以上、RSC 3 万坪以上
E	每坪地价	××100 万日元以上 ×50 万日元以上	◎ 20 万日元以下 ◎ 30 万日元以下（? 50 万日元以下）
F	产业集中地	路边店	① SC 建筑物内或者用地内 ②主力有 2 种以上 室外型
G	建筑	××4F 以上 ×3F	仅 1F （仅 RSC 2F、仅主力 3F）
H	必要商圈人口	15 万人以上	NSC 3 万人、CSC 5—7 万人
I	保证金	××200 万日元以上 ×100 万日元以上	◎无 ○ 60 万日元以下
J	每月的租金 + 公共负担的费用（每坪）	××5 万日元 ×2 万日元	◎ 2 万日元以下 ○ 2.5 万日元以下

即使没有之前所述的汽车普及化的问题，面向零售业设置的停车场很多都离店很远，而且夜间会关闭数个出入口，只能

① general merchandise store 也称大型销售商店，以大众实用品中的新功能开发品为主力，配以一流国际品牌的 2—3 折打折品的“生活”综合店。RSC、CSC 的主力店，卖场面积为 2000—3500 坪，比百货商场略小。日常家庭用品，除食品和汽车外，几乎都有。

利用少数几个，所以比起白天就更远了。即使餐饮业想延长营业时间，停车场远的话，也很难招揽顾客。

与此相对，繁华街的话，不到 50 米就有停车场。从顾客便利性这个角度来看，大型 SC 显然是不利的。

▼即使是 SC，商圈人口的考证也不可或缺

之前也有谈及，美国的大型 SC 中，商圈人口 50 万的超大型 SC 不足 1%。商圈人口 20 万至 25 万的大型 SC 的比率也相当低，只有 3%。但是，20 万至 25 万型的室外购物中心的顾客的来店频率比较高。餐饮业必定以用地内独栋建筑的形式开设店铺。

而且，餐饮店建筑必然位于 SC 的主要道路沿线，SC 内的停车场就在店铺前方。这样的话，就不会受到 SC 整体招揽顾客能力的左右，而且营业时间也可由店方自由设定。但是，在当今日本，大型 SC 内以独栋建筑的形式开设店铺的餐饮业非常少。

大型 SC 的餐饮业必然位于商业街[①]内。这样的话，如前所述，就只会产生大型 SC 内开店的不利。

同样，室内购物中心的餐饮租赁形态有一种是餐饮区。但是在美国，RSC[②]曾兴起一时的餐饮区随着 RSC 的减少，也在不断减少。有业界人士认为以后在日本会兴起餐饮区，但是餐饮区原本只适合快餐。在日本，甚至连正式餐厅都考虑在餐饮区

---

① mall 原指散步的道路，在美国是指购物中心内的宽中央步行街。

② regional shopping center 指大型购物中心，大部分是室内型的。在美国，其主力是 2—3 家的大超市或百货商店，其次是 50—150 家的中低价位专卖店（大部分是服饰品）、餐饮业和第四产业，没有食品。

开店，但是，不得不说其成功的可能性是极低的。

在 SC 内开店的要点如下：

①商品标准的统一［租赁区的商圈人口、来店（购买）频率等一致］

②业态类型（TPOS 和价格范围的缩小）

③价格魅力

④主力店铺的商品力

⑤主力店铺卖场的面积（500 坪以上）

⑥有多种资金体系的主力店铺

⑦低层建筑物构造（限于 1 层或 2 层）、构造简单

⑧室外购物中心、商业街是直线型的

⑨可在附近停车、易于出入

总之，不仅是在 SC 内开店，首先需引起重视的是计算出以 ROA 为首的投资效率以及表示收益率的经营数值。这必须作为开店对策的绝对原则。

考虑今后在 SC 内开店时，应该看清 SC 的选址和周边环境，准确判断有利点和不利点。在这种状况下，商圈人口越多，就越难考证。如果以开设 4 位数的店铺为目标，当然必须考虑将 SC 作为开店的选址。在此之前需要在适当的场所反复进行适当的实验和考证。

第 5 章

商品和价格的本质

1　适合连锁化的商品的条件

商品应具备的条件是什么？斟酌此问题是商品开发[①]的出发点。但是，如果仅开设 1 家旺铺，卖什么商品都可以。当然也必须和其他店铺拉开差距[②]。在此条件下，得到顾客的支持，然后就可实现 3 家、5 家左右的多家店铺经营。

"连锁化"则与此不同。如果设想至少 200 家以上，或 500 家、1000 家的话，就不能仅拉开差距，而必须具备"其他店铺难以效仿"的东西，还必须是超过 3 位数、4 位数的店铺能持续提供的。这样的话，商品必须具备的条件就自然明朗了。这是欧美拥有 100 多年历史的连锁店经营的原则之一。

▼大多数人每天都能轻松食用的东西

其条件有以下 3 个。

① everybody goods

所谓 everybody goods 指"大众品"，这是"占总人口 80% 的人日常使用、食用的商品"。

---

① merchandise development 包含两个意思：第一，出售商品时的，通过改善提供方法而提高满意度的对提供方法的开发；第二，赋予、创造商品新性质和售价的产品开发，不仅仅是指产品开发。

② specialization 指通过更为彻底地做某事，比其他公司更卓越，并非标新立异。

在日本，关于“大众”一词存在很大的误解。从大正民主主义时代开始，谈到大众，就会有知识水平、生活水平低下的人，贫穷的人等印象。

但是，大众原本的意思并非如此。与知识水平、经验、生活环境、贫富无关，是所有人中的80%，即大多数人。这些人共同觉得“好的”商品就是everybody goods。

② everyday goods

everyday=每日，即日常生活中使用频率较高的商品。具体而言，1年365天中300天以上使用的、餐饮业中称之为食用的商品就是everyday goods。

③ affordable item

其意思是“能轻松购买的商品”。更具体地说，不犹豫、不困惑，能立即决定购买的有品质和价格优势的商品。毋庸赘言，此时的顾客当然是指前述的大众。

▼商品因连锁而发生变化

以上3点是连锁店商品必须具备的基本条件。那么，具体而言是指哪些商品呢？这会随着时代的发展而变化。因为生活环境发生变化，所以大众=80%的人的常识也会随之发生变化。

例如，奶酪在20世纪初期的日本，并不是日常食品。但是现在，某种奶酪可称之为大众食品、每日食品。这样的变化以30年、50年为周期而发生，制作连锁商品需要以这样的大趋势为依据。

另一方面，还有一个重要的视角。即使原本不满足前述3

个条件的商品，也可通过连锁店的商品开发计划[①]变成符合条件的商品。

一个很好的例子是超市里卖的鳗鱼烤鱼串。这个原本是日式餐厅的料理，30 年前未被作为连锁商品。后来，它因连锁体系建立而强行改变。原本的高级品也就变成了连锁店的主力商品[②]。

▼商品化的 3 个关键点

换句话说，即使是同一个品种[③]的商品也有不同，有适合连锁化的，有不适合的。举个餐饮食品中易于理解的例子——拉面。

如今大众媒体宣传的“当地拉面”中，大多数是不适合连锁化的。而且，拉面原本就是那样的商品。

但是，另一方面，也有像 sugakico systems 一样，从近半个世纪前就开始开发适合连锁的商品，即正因为有具备前述 3 个条件的拉面，才实现了连锁化。举个近期的例子，幸乐苑也是如此。

所以说是否是适合连锁的商品、能实现连锁化的商品与商品种类、范围无关。反言之，在任何一个领域都有能连锁经营的商品。但是，这必须是大众食品、每日食品、能轻松购买的

---

① merchandising 指自己设计、控制从原料至消费结束的商品的全过程，为了向顾客提供商品而进行的所有必要活动的总称。

② staple item 指常备商品。在美国的连锁店，是指连续 13 周持续出售（不会售罄）的商品。比这个时间短的商品是季节商品。但很多时候也指即使短期，也必定销售的商品（季节商品）。

③ merchandise category 指比商品部门小的概念，比一类商品大的范围。

商品。

怎么做才能具备这 3 个条件呢？换句话说，就是要探讨从 3 个关键点来看，什么样的商品比较好。这是商品开发的出发点。

▼怎样做到“美味”

既然是餐厅的食品，就必须“美味”。如何决定的基准很重要。这个不可由高层管理人或干部的品尝会而决定，这点已被经验法则证实。判断味道好不好的能力和管理能力是两回事。

在考虑“美味”时，最重要的是“不会腻”。至少“重口味”是不行的。百货商店地下一层的 7 成菜品会经常变化，就是因为味道太重、让人腻味。如前所述，是否是 80% 的人吃 300 天以上的味道。这是判断“美味”的关键所在。

而且美味需由“滋味”“香味”“回味”三个来表示。一般仅关注表示味觉的“滋味”，但是真正的美味由入口前的芳香、即“香味”，和食用后的“回味”决定。这同样适用于大众食品、每日食品。

此外，今后不可或缺的视角是健康食品①。当然，控制氯化钠的含量是个问题，重要的是以什么做出美味。考虑美味时，以什么做出甜味是个要点，不是用砂糖而是果糖，或蔬菜本身的甜味。必须要有这样的技术。更为重要的是调味料的醋，这个也不是用谷物醋，而是用果实醋。熟练使用各种丰富的原料是具备前述 3 个条件、做出美味的关键。健康食品的原则汇总

---

① health food 指以数字表示食品的成分，卡路里、脂肪、食盐、胆固醇等数值低的食品。“少盐”“少糖”等抽象表达是 healthy food，有所不同。

于表 5–1–1，请参考。

表 5–1–1　Health food（×healthy）(×freshness= 新鲜的）

（A）基本品种　　◇ = 重要度

◇① natural food（未精制） ② no preservatives（无添加） ◇◇③ low calorie （原则上要求在 385 千卡以下，150 千卡的东西也有） ◇④ non fat, low fat（33% 的消费者已经购买过） ⑤ no（added）sugar & salt,light sugar & salt ⑥ caffeinless,calleinfree

（B）材料

（1）调味料 ①醋 ②果汁 ③酱油和豆酱 ④香料 ⑤风味香辛料	（2）功能食材 ①菠菜、八丈草、羽衣甘蓝等绿色叶菜类 ②胡萝卜 (3) 实物 (使用困难) ①大蒜 ②芦荟	（4）甜味和美味的替代品 ◇①洋葱 ◇②菠萝汁 ◇③混合两种水果以上的果汁 ◇④苹果 ◇⑤西红柿 ◇⑥大豆 人工甜味剂： ⑦糖精（sweet’n Low） （× 在日本未被认可） ⑧甜菊 ⑨糖精（Sweet Thing Ⅱ，Equal, 氨基酸糖料） ⑩蔗糖（Splenda）

（C）每份 140—280 千卡，且物美价廉的 Frozen 主菜的种类和品目激增。

（D）问题点

① 药效成分（×） ② 不是 healthy，而是 health(○) ③ Japanese style（日式）是指减脂、低卡路里，而不是日本料理

▼质量参差不齐的主要原因是供应商的供给力

开发连锁商品时另一个不可或缺的视角是如何维持产品质量。

经常有人说，随着店铺数量的增加，产品质量变差了。这样的说法并不恰当。问题是由于销售数量的增加，出现了质量参差不齐的现象。关于其主要原因，有观点认为，店铺数量增加的话，产品质量自然会参差不齐，因此连锁化是不行的。这是没有任何依据的谬论。

为什么质量会参差不齐呢？其最大的原因是供应商[①]的供给能力不足。因为笔者从大商店[②]年销售数亿的阶段开始指导，所以很清楚公司销售规模翻倍的话，供货方会非常高兴，而且会努力提供服务。

但是，连锁店的话，会制订若干年后销售规模扩大10倍的计划。现在交易的供应商当然会说交易量达10倍没有问题，但这是极其荒唐的。因为在供应商的经营计划中不可能有供应量是现在的10倍这样的数字。

原本，年销售额数亿日元和数千亿日元的供应商的供货渠道是不同的。即使是同一个供应商，也必须认为是完全不同的生意。

▼必须随着规模的扩大更换供应商

笔者在20世纪60年代初次前往美国，访问大型连锁店的商品部时，得知他们有这样的规则——“每年替换30%的供应商”。我对此抱有疑问，问道：“为何和不信赖的供应商交易呢？”对方回答道：“不是那样的。同一个供应商难以应对数量增加的情况，因此，随着我公司规模的扩大，必须经常更换供

---

① vender vendor 是英语中的法律用语，原本指出售人，供货方的总称，包括批发商、信息供应商和生产方。

② big store 在日本是指年销售50亿日元以上的零售业和餐饮业。

应商。”对此，笔者感到很惊讶。

在日本的话，无论怎样都要和供应商处理好关系，供应商也只会说些好话，如“希望永远成为贵公司的优秀供应商”之类的。然而，如果你问对方：“交易量达 10 倍的话，也能持续提供同样质量的商品吗？”对方会顿时无言以对。

当销售规模超过 2 倍，超过供应商的能力时，为了凑齐数字而将商品拢到一起，由此会出现质量的参差不齐，或者因为出现多家中间商而价格暴涨。

这是随着店铺数量增加，产品质量参差不齐的最大原因。为预防此类事件的发生，只有坚守随着规模扩大更换供应商的连锁店经营原则。

▼没有“不合格标准”的话，质量就会参差不齐

还有一个重要原因是不能进行食材的质量检查。为什么不能进行呢？原因很简单，是因为没有判断质量的清晰的评价标准。说得更浅显一点，对“什么时候判断为不合格”这点没有明确。事实上，这是 40 多年前开始日本的餐饮业一直没能克服的难题。

一般有“判断为合格的标准”，新鲜、色泽好等等。但是，这些标准对于防范质量参差不齐而言没有任何意义。重要的是需要明确，不合格的、达不到进货标准的商品是怎样的，即决定“质量下限”。

如果质量下限不明确的话，质量低劣的食材就会不经检查而流入，结果商品的质量越发参差不齐。原材料质量不稳定，则无法改善。这是店铺烹饪水平、作业标准化之前的问题。

▼质量是科学问题而不是信誉问题

在日本，有人认为“那位业者很值得信赖，所以没问题。值不值得信赖才是根本问题”。让笔者来讲，那是极其荒谬的，为什么这么说呢？即使一方是夫妻店[1]，另一方的供应商也是小规模的，双方也不可能自己检查所有食材的品质。

关于食材的质量，日本的餐饮业把它看作是信赖的问题，这是种误解。更有甚者认为“那位业者经营的东西都是好的”，成了一种可谓是信仰的状态，这样的想法必须从根本上予以修正。

因为，质量问题不是信赖问题，而完全是科学问题。日本的餐饮业缺乏对此的理解。

例如冷冻食品，在日本一般认为冷冻＝质量稳定，但是未必能这么说。事实上，很多情况下冷冻比冷藏的质量更参差不齐。

以冷冻的方式配送的食材，即使眼前的食材是零下 35 度，未必所有的食材都是同样的温度。而且，现在零下 35 度的食材，未必在配送途中一直会保持那样的温度。可能有段时间食材的温度上升了 10 度，那样的话就不能使用了。问题是这样的事情无法通过外观来判断。如果是冷藏食品有 10 度的温度差，则可以通过外观来判断其质量变坏的程度。而冷冻食品并非如此，所以质量的参差不齐就难以控制。

---

① mom and pop store 指由夫妇经营的店铺，通常雇用 1 至 2 位零工。小型店，在日本也称维持生计的店铺、小规模店铺，占全部零售店的 90%。

▼判断标准的确立是质量对策的出发点

因为有以上问题，所以必须有关于质量的科学判断标准。为此，首先需要有正确的认识。

之前例举的冷冻是 20 世纪面临的最大的饮食革命。20 世纪 60 年代，超级冷冻柜最长不过 6 米至 10 米，如今在美国，全长 100 米是很普通的。搁板有 8 层的话，就有 800 米。重要的是怎么做才能在那样的容量中进行温度管理。

日本的餐饮业盲信冷冻技术，没有有关冷冻技术以及作为其基础的硬件知识。这点可以从餐饮巨头中央厨房也没做好温度、湿度管理而有所了解。现在的技术水准与半个世纪前使用木质冷藏库的时代没有多大差别。

加热烹饪等也一样。仅以烤盘为例，完全没有均匀保持铁板表面温度的技术以及所需的软、硬件知识。没有确立在几立方米的燃气、几度、几分钟、什么样的物理条件下进行加热等标准，也没有所需的体系。可以说，餐饮业的质量管理很落后。

反言之，作为连锁店，如果具备相应的商品条件，并建立质量维持体系，就能一举扩大规模。为此需要做哪些工作呢？以下将进行详细解说。

2　为打造商品应努力的方向

▼餐饮业容易陷入的“综合化”

商品问题中最容易犯的错误是品种数和个数[①]的努力方向。

以零售业为例，消费者选择店铺时的最初选择判断是，想购买 X 商品时，“那个品种的话去那家店”的行动习惯会立即发挥作用。因此，先开发 1 个强势品种是至关重要的，但是只做 1 个品种的生意的想法现在几乎没有了。比如过去作为专卖店而存在的酒类零售业、蔬菜店、水果店、茶叶店、毛衣店、内衣店等已经变得很少了。

最近零售业的构想是，经营 A 和 B 两个品种不仅能够招徕需要 A 品种的顾客，也能招徕需要 B 品种的顾客。在这样的构想下最初获得成功的综合店[②]是超市（SM），在同样的构想下还建立了家庭用品商店和超级药店。

但是，顾客并不是“因为是综合店才去”。去 A 超市而不去 B 超市的原因是“一定要买”的品种 A 有，而并不是因为品种多样才去 A。日本的零售业在考虑商品的综合化，马上会失

---

① item 指个数。顾客能识别的商品的最小分类。从使用者立场来看，是无需进一步加以细分的最小项目，因此也是数量管理上的最小单位。

② broad line store 指把商品品种在一定的 TPOS 下进行综合化的店铺。

败，就是因为误解了这点。

餐饮业比零售业更想“综合化”。但是，餐饮业原本是制造直营业，所以总需要某个品种中的特定商品具有一定的特征，否则难以成立。

因此，餐饮业需要开发的不是综合化的菜单，也不是单一品种，而是不输给任何一方的“单一商品”。也就是说，菜单构成的基本首先需以开发 1 个对顾客极具吸引力的商品为大前提。这才是真正意义上的商品开发。

▼开发他人无法效仿的“1 种特定商品”

这是所有业种、业态共通的部分。例如，以 SM 为例，“家常菜强的店”是不存在的，应以建立“家常菜炸丸子大量畅销”的卖场为目标。炸丸子畅销是因为土豆质量高，当然炸丸子畅销的店里番薯沙拉也会畅销。然后，以土豆为原料的商品也能畅销。关键是开发 1 个他人不能效仿的“商品”，由此产生良性循环。

另一方面，有人主张综合化，也即供应大量商品。其理由是“顾客层扩大了”。的确，如果想要通过扩大规模、增加顾客数量[①] 提高社会贡献度，当然应该以广泛的顾客层为目标。但是，重要的是“广泛的顾客层”意味着什么。为了增加商品种类而主张“综合化”的经营者想要在 A 商品外，引入完全不同的 B 商品，从而扩大顾客层。但是，连锁店经营中所说的顾客

---

① customer counts 指在一定期间内购买商品的顾客人数。与营业额一样，是表示各店铺业绩的最基本的指标。

层扩大的意思必须与这个不一样。

这需要斟酌 80% 的国民共同觉得“好的”商品。这样才能扩大到 80% 的人，才是真正意义上的顾客层的扩大。口号虽同为“扩大”，其内容则需要各自斟酌。因此，不得不说，扩大商品种类、以特殊的 TPOS 或特殊的需求为目标是极其危险的。

▼以“组合”为目标的菜单构成

但是，也并不是说绝对不能增加品种数量。

因为，既然连锁店是要丰富消费者的生活，那么就需要充实的内容。具体而言，其内容分为主菜、副菜、酒水饮料、甜点等 4 类，各自需要有一定的特点。无论是日本料理还是法国料理、意大利料理、中国料理，在用餐时最先提供的是小菜、冷盘、开胃品。在主菜的前后提供副菜，然后才是主食、饮料、甜点等。

因此，如果想提供饮食生活丰富的场所，这样的组合菜单是必要的。从这个意义上来讲，菜单的综合化是很重要的，决不是指提供天妇罗、生鱼片、火锅等。更为重要的是，冷盘、主菜、副菜、酒水饮料、甜点等要相互搭配。

在这点上必须注意的是组合两种完全不同的菜单。例如，大部分日本餐饮业提供的饮料都是一样的，而且种类也完全一样，根本没有考虑与本公司菜品相符的饮料。当然，也不是说需要符合每位顾客的嗜好，而是要斟酌与本公司的 X 料理的味觉相符的饮料。即作为菜单构成的应有形式，不是单单增加数量，而是增加组合的方式。

▼改革和废除需要 10 年的周期，要斟酌出 1 个品种

在餐饮业，菜单会经常更换。一般而言，作为经营方面的努力，自然要改善商品，1 年 1 次或数年 1 次的改革是必要的。但是，日本餐饮业的菜单的改革和废除却并非如此。很多是因为“顾客腻了”“想为顾客提供更多的可选项”。笔者对此表示质疑。对于前者，笔者想问：“顾客腻了？过去没有畅销过吗？”对于后者，笔者想反问的是：“能大量[①]销售吗？”

当然，随着季节的变化，提供时令食品是重要的。但是，这不过是附加物或策略而已，并不是商品问题的本质。然而，日本的食品业却每天或每月提供不同的菜单，并将其视作理所当然。这样的努力必须以大量销售为前提。不得不说，连 1 个品种都不能畅销的时候，考虑追加和变更是完全错误的。从这个意义上讲，菜单的变更和替换，至少需要 10 年的周期。

但是，如果原料或材料的产地变了，或有了技术革新，即加工器械和储藏运输的技术革新，那么，菜单是需要变更的。这是一个品质追求中的改善，决不是追加和变更。

▼首先做到能吸引任何人的廉价

另一个必然会碰到的餐饮业的商品问题是“味道的改善”。关于这点，有很多错误的认识和做法。

自古以来就一直有关于“味道好和便宜，哪个优先”的论争。好味道并不是那么简单的。首先需要找到独特的食材进货

---

① mass 指大量，计划销售大量的某品种。

渠道。

为此需要花费时间和费用。即如果技术知识不扩充，就不可能找到真正的好味道。经常有人认为，有些人对味道有一种与生俱来的特殊的感觉或能力。这种观点是错误的。任何一种技术能力或者感觉，归根结底都是研究和钻研的结果。

另一方面，廉价销售的努力并不需要花多少时间。当然，时间越多越能找到更为廉价的方法，但是比起改善味道所需的时间，其准备时间就少得多了，这是经过证明的。

这么一说，肯定会有"即便难吃，只要廉价就行了吗？"等的反驳。与此相反的表达方式是"好吃，但贵"。后者如果没有很多偶然因素，是很难生意兴隆的。

首先需要做到能吸引任何人的、让人吃惊的廉价，以成为畅销店。然后，对员工进行充分的培训，投入研究调查经费，只有这样才能逐渐做出美味。这是特定的顺序，也是出发点。

▼廉价地进货和加工的技术

日本的餐饮界一直有这样的错觉，认为花 5 年、10 年，有时甚至是 20 年的时间提高烹饪技术，然后开业的话就能顺利地发展。这是业界整体，特别是厨师的误解。

无论烹饪技术和味道的开发力有多强，如果没有降低食材价格和加工成本这两项技术，即使是一流的厨师也很难使店铺生意兴隆。即实现廉价的具体努力课题是开拓食材的进货渠道、削减加工成本、确立一定水准的加工技术。

经营类杂志和一般媒体等的开业手册中指出，商品的品种、味道的倾向、店铺的内部和外部装饰、店铺内的氛围决定了生意是否兴隆。这些都是只要投入资本就能做到的，但并不能直接增加顾客数量。所以，在开业阶段必须要考虑的是如何才能廉价进货。

自古以来商界就有“利来自于源”的原则。这儿所说的“利”不是利益的利，而是“顾客的人气”，“来自于源”的意思是“取决于在进货上下的努力”。总之，为了实现低价格，如何廉价地采购食材决定了顾客的数量。

▼通过慎重的信息收集与生产者密切联系

与过去相比，现在采购变得轻松了。只要打个电话、通过网络①就能采购到材料。但是，真正有价值的食材是不可能通过那样的手段找到的。真正想要的材料需要花费庞大的时间和体力。

这不仅是在开业之初，以后还想增加顾客数量和销售额的话，就必须不断地寻找食材的进货渠道，这是第一个课题。

顾客之所以会去那家店，关键是价格和味道。因此，必须要在这两个方面做努力。

例如，在中央批发市场通过中介购买是一种很多人比较热衷的进货方式。这是很多热衷者的常用手段。但是单单如此还不能拉开差距，需要进一步努力接近生产者。然而，生产者遍布世界各处。因此，需要更直接地寻找。

但是，直接寻找食材需要大量的时间和调查成本。因此，在实际接触生产者和产地前，需要进行慎重的信息收集。零售业和餐饮业之所以能做到价格特别便宜，是经常努力和生产者、

---

① internet 指将全世界的电脑相互连接的巨大通信网络。

生产现场直接联系的结果。

餐饮业经常将如何烹饪食材作为第二个重点，事实上，前述的加工作业的成本削减对策更为重要。关于这点后面会详细解说，首先必须认识到烹饪“本领”和“技术”是两个不同的概念。

做到廉价的关键是：第一，食材对策；第二，烹饪加工方法。为此，需要尽量在公司内积累信息和经验、培养人才，这是出发点。

3 今后的价格标准

▼做到“不管便宜与否都会购买”

这40年间，餐饮业的价格破坏正以势不可挡的形势发展着。

以前的款待，以现在的评价标准来讲的话，是每餐超过3000日元。因此，打出一半的标准、1500日元的是家庭餐馆。日本家庭餐馆最初主要推出的是汉堡包午餐，相当于当时周刊杂志4册的价格。当时的周刊杂志的售价是120日元，所以约为480日元。美国是2本的价格，日本也是从4本的价格开始逐渐降低价格，但是10年后，汉堡包午餐的价格变成了880日元。

那时，便利店[①]推出了500日元左右的便当，开始从餐饮业抢夺市场。然后，新的餐饮业开始以400日元左右为目标。代表性的例子如萨莉亚，现在在向每份低于300日元的方向发展。此外，在当地拉面以800日元至1200日元价格提供的时期，别的集团开始挑战300日元。这个价格成了拉面的标准。

日本麦当劳开业之初的价格是60日元至120日元，周刊杂志二分之一份或1份的价格。也可换算成香烟价格。

周刊杂志和香烟是不用考虑价格就能购买的商品的代表例

---

①convenience store 指出售顾客在购买后的10分钟以内消费的日常生活必需品的小型店铺，不足50坪。据JRC调查（2008年），直营店有5484家，年销售额0.8兆日元，占零售业整体的0.9%。区域连锁店有13家公司、38058家店，年销售额6.7兆日元，占零售业整体的7.0%。

子。以前的60日元和120日元，对于消费者而言，是“甚至不会感到便宜”的价格。即“不管便宜与否都会购买的价格”才是真正的廉价。

▼不要说“比起便宜更期望品质”而抬高价格

这个状况现在也没有改变。现在的周刊杂志的价格约为350日元。所以，首先必须设定这个价格或这个价格的一半。例如，吉野家的牛肉盖浇饭设定280日元的话，顾客甚至连便宜的感觉都没有了，只要饿了什么都不会考虑而直接购买。这才是真正的便宜。只要以连锁店为目标，就必须做到这点。

另一方面也有在“比起便宜，顾客更期望品质”的观点下主张高价格的倾向。但是，作为连锁店必须设定的价格是消费者认为“这个价格能做得这么好吃”的低价格。如果不能以低廉的价格提供美味，就不能说是真正意义上的高品质。

当然，为了丰富生活，高价格的商品也是必要的。但是，那是趣味生意，决不可能实现多家店铺经营，也决不可能为社会做出贡献，让每天、每餐、数万消费者在该企业的店铺中感到饮食生活的幸福。

企业以趣味为主，并以建立高社会贡献度的连锁店为目标，这样的企业观形成了价格问题上的分歧点，这点不能忘记。

▼价格才是得到“顾客信赖”的源泉

此外还有一点，价格问题的本质是“信赖”。连锁店的价值是无论在何地都能以同样的价格吃到同样品质的商品。即连锁店提供的“安心”的前提是顾客的信赖。所以作为大前提，价格首先必须稳定。

日本的餐饮业中，“各地域不同价格”常常成为话题。该机制的导入原因是人工费不同。但是，“地域不同人工费不同”本身就是错误的。“大城市不出高薪就难以聘用人才”这样的借口是企业管理能力不足的证明。相反，如果根据作业的熟练度而设定薪金差别，那么日本全国无论是哪家店，薪金都应该是一样的。

还有一个借口是，店铺的租金不同。的确，大城市和地方的租金是不同的。同时人口密度也不同，租金高的大都市的店铺商圈人口应该比地方多。那样的话，提高每坪的营业利润就可以了。

餐饮业巨头一开始导入“各地域不同价格”，但是没有达到预期效果，因此又回到相同价格，这样的事例在过去发生过多次。而每次顾客都会对企业产生不信赖感。连锁店的安心是以价格的安心为大前提的。数次变更价格的话，就会失去顾客的信赖。

▼售价决定了目标店铺数量、商圈人口

那么，在设定价格时，必须考虑哪些呢？

首先重要的是商圈人口和价格的关系。销售商品的价格上下区间为价格区间[①]，价格区间不同，商圈人口、顾客来店的频

---

① price range 指价格区间，各品种价格上下限之间的幅度。实际上，商品构成图上的横轴（售价）的左端和右端的间隔大小合适与否是个问题。

率也不同。

在发展零售业的连锁化时，每家店铺的商圈人口首先必须控制在20万以内。然后，为了突破连锁店应有的200家店铺，商圈人口必须在10万人左右。接下来，如果想发展到500家，商圈人口为5万，1000家以上的4位数店铺的话则是1万人。应该以建立商圈人口更少的业态类型为目标。

餐饮业也是完全一样的。价格区间决定商圈人口和来店频率，而且也决定了之后能发展的店铺数量。如果价格区间高，即是商圈人口多的业态类型，顾客的来店频率和销售量就会减少。

如果想发展3位数的店铺，最高不可超过中等价格，尽量以略高于大众价格为目标。然后，需要努力进一步降至大众价格[①]。

首先决定目标店铺数量，其次考虑本店商圈人口为几万、来店频率为几天1次，然后再考虑为了减少商圈人口、提高来店频率，应选择怎样合适的价格[②]。必须严格依照这样的顺序选择与目标店铺数量相符的价格区间。努力方向如图5-3-1所示。

此外，表5-3-1列举了适合连锁化的餐饮业的日本的业态类型，请参考。由此可知，无论哪种业态类型的价格区间都比

① popular price指大多数顾客能够轻松购买的价格区间。连锁店通过建立商品开发的计划体系形成的价格区间。商品开发必须在这个范围内进行。比这个略高的价格区间称作中等价格。

② price point指合适的价格。一般每个品种有1个，有时也有2个，但必须以其中一个为重点。这是竞争对策的关键。

较小。

图 5-3-1　关于商品和顾客的因果关系

（1）很多的错误（必须反过来）

变大、广、高：商圈人口、价格区间、用途 → 变少、狭、低：来店频率、商品的销售量、印象、发展多家店铺的可能性、顾客层次、潜在顾客数量 → 不能增加店铺数量，这样的话，不可能大量销售（连锁店没有利润）

（2）应努力的方法

变少、狭、低：商圈人口、价格区间、用途 → 变大、广、高：来店频率、商品的销售量、印象、发展多家店铺的可能性、顾客层次、潜在顾客数量 → 连锁店的应有方式（店铺数量增加，在购物中心的竞争中获胜）

表 5-3-1　适合连锁化的餐饮业的日本的业态类型

	三明治（熟食店）	快餐服务	家庭餐馆	餐厅	自动贩卖机
营业时间段	从早至晚	24 小时或者从早至深夜		午后	24 小时
目标时间段	①午餐 ②早餐 ③晚餐	①中午和早上 ②下午茶 ③夜宵	①早餐 ②晚餐 ③下午茶	①晚餐 ②午餐 ③下午茶	①下午茶 ②午餐 ③早餐
商品的特色	味道各不相同	快 味道稳定	只有基本料理	独特的味道	先填饱肚子
主力商品	加工肉 奶酪 蔬菜 沙拉调料 涂抹酱 欧洲面包	汉堡包 面包圈 比萨 墨西哥饼 盖浇饭 面条类等	汉堡包 薄饼 菜肉蛋卷 松饼 意大利实心面	肉 鱼 沙拉	小吃

品种数	多	少	少	(中午)少 (晚上)多	较多
商品数	少	少	多	少	少
商品价格区间	100—500日元	100—380日元	250—980日元	(中午)480—980日元 (晚上)800—1500日元	300日元以下
顾客平均单价	250—600日元	250—500日元	750—1000日元	(中午)1000日元 (晚上)1800日元	150—400日元
顾客层次	一个人	所有人	所有人	(中午)一个人 (晚上)所有人	只有该单位的工作人员
选址	哪儿都行	哪儿都行	SC和新开发的住宅地的路边店、都市		工作场所内
外装、内装	简单	简单	温暖	独特的样式	更为简单
美国的占比	55%		20%		

▼主力商品的存在是关键

如前所述，低价格给顾客带来安心感和满足感。以这个价格，难以想象的美味，让顾客感到物超所值，开拓了店铺发展兴隆的道路，推动了多家经营，也是公司发展的能源。

为此，需要打造50%的顾客都会点的主力商品。因为可以通过打造主力商品提炼食材、推出低价格。

因此，如果某个料理每天每店点的数量在30以下，可以作为无需经营的菜品而取消。反言之，获得消费者绝对青睐的料理只要有一个就行。

但是，日本餐饮业的现状是每逢增加店铺就会增加商品的数量，经营的食材的种类也不断增多。即采取了与餐饮业应有的对策截然相反的做法。

菜品增加的话，作业量就会增多，相应的作业成本就不得不转嫁到商品价格上。很多提高价格的餐饮业以各种成本高涨为借口，事实上，是由于自己的失败而不得不抬高价格。

▼目标应是“行情三分之一的价格”

那么，具体该如何设定价格呢？

首先，主菜一类中必须有主力商品。然后，在与主菜相配的副菜中设定主力商品。副菜主力商品的价格必须是主菜的二分之一或者四分之一。此外，饮料的价格应以 2 份副菜的价格为标准。

此处重要的是要让顾客从 300 日元的商品中看出 900 日元的价值。即必须比照商品的价值和价格，设定消费者会立即认为“便宜”的价格。

一般而言，消费者感到“便宜”的价格是比市场行情低 30% 的价格。能快速畅销、让消费者感到“便宜”的价格是低 70%，即市场行情三分之一的价格。因此，设定价格或者降价时，首先需要降低 30%，最后降低 70%。

这才是连锁店经营应努力的方向，这是获得消费者信赖、提高企业评价的唯一途径。

4　食材对策的具体内容和努力课题

▼降低价格是企业不变的努力方向

降低价格时首先应考虑的问题是食材的成本。几年来一直和同一家供应商合作的话，是不可能降低食材成本的。如前所述，随着店铺数量、经营食材数量的增加，需要寻找具备相应能力的供应商与其交易。

其次，操作成本的问题。首先，进行食材的温度、湿度管理，并将物流中的振动减少至最低。购入的高品质食材如果没有温度、湿度和振动管理，其质量就会恶化。此外，也需要提高作业体系的效率。最简单的对策是备齐工具和设备。作业的合理化和适当的烹饪机械的导入能降低成本。

另一方面，分量管理[①]也是必不可少的对策。商品分量变化的话，成本就会改变。分量管理与成本管理密切相关。分量必须在中央厨房进行完全控制。

日本餐饮业的显著倾向是，忽略这些必要的措施，在物价上涨时理所当然地涨价。这些都是"乘机涨价"。例如，大米的价格上涨 10%，原本 300 日元的商品就涨价为 350 日元。但是，很多商品成本中大米的占比不满 20%，成本如果为 100 日元，

① portion control 指餐饮业中将原材料按其分量进行管理，完全做到品质管理和原价管理的材料管理技术。

即使大米价格上涨 10% 也只能涨价 2 日元。

的确，保持一定的价格、降价是困难的，所以需要技术革新。只是，必须要知道这是应经常做的、理应为之的营业行为，而不是特别的企业努力。

▼首先获得批量折扣

那么，为了降低价格应该做些什么呢？方法主要有以下 4 个。

①品种数的削减

②商品构成图的变更

③供应商、交易条件、做法的变更

④物流体系的变更

其中应以①和③为重点。

在餐饮业中，降低价格是必须一直面对的重要经营课题。为此，必须如①所示的那样减少品种数量。减少了品种数量，就能以低价格集中采购。通过扩大 SKU[①] 的数量，获得批量折扣。

此外，增加店铺数量也有助于获得批量折扣。例如，店铺数量分别为 1 家和 50 家，由于 50 家店铺每品的购入量较多，所以采购时能降低食材的单价。以低价格购入食材的话，其必然会反映在售价中。也就能够实现低价格。

---

① stock keeping unit 指对生产者和物流业者而言的最小分类“单品”，POS 单位。因此即使某个单品售罄，也可用同一品种替代。

▼不可完全委托供应商和交易方

其次，有关③的供应商、交易条件、做法的变更。原本应该在全国各地，甚至世界各地寻找供应商，以提高价格竞争力。但是，当问及日本的餐饮业为何会同哪家供应商合作的话，很多都会回答“因为方便”。这里所说的方便是指“供应商在附近”或“能全权委托”。

有人认为即使在全世界寻找供应商，其品质也是一样的。这种观点是错误的。即使外观相似，但必有不同。在更广泛的区域寻找的话，肯定能够发现各种不同。在搞清这些不同之后再决定本公司的处理方式。此外所谓“在附近”意味着只在狭窄的区域内寻找，即自己主动放弃了在广泛区域内寻找的可选项。这是在竞争中败北的主要原因。

此外，“全权委托供应商”也是荒谬至极的。因为，供应商一般先提供库存较多的商品，市场上库存逐渐减少的畅销品只会重点提供给有限的几家特定企业或店铺。

▼经常重新评价，不厌其烦地说明

因此，和供应商的交易，不是“全权委托”，而是详细告知本公司需求的品质。对于与品质相关的所有要素，不厌其烦地予以说明。

没有做到“不厌其烦地说明”的企业，即使被提供了与规格不同的物品也不会有所察觉，所以，就不能采购到原本需要的产品。对供应商而言，比起交易额多的企业，“不会不厌其烦地说明”的企业更合适。

此处重要的不是检查数量，而是认真检查质量。细致检查质量就能制订关于品质下限的严密标准。当交付了不同规格的商品时，迅速要求重新交货。只有正确实施了这些应有的措施，交易才可能是正常的。

如前所述，供应商需要定期更换，然而很多日本的餐饮业与供应商的交易持续了 10 年、20 年。交易年代变长后，就会产生前述的“不会不厌其烦地说明”或“全权委托”的弊端。为了防止这些弊端的产生，需要至少 1 年 1 次重新制订对供应商的评价标准，按照表 5-4-1 所列的基准，重新评估所有的供应商。

此外，与供应商变更交易条件也很重要。特别是日本的餐饮业，自古以来就有食材费用支付周转快的话，采购价就会便宜的做法，更为理想的是以现金进行采购。但是，这种可称作恶习的交易条件必须变更。因为现金回收期比应付账款支付期长的话，资金周转差[①]就会减少。

这称为逆资金周转差。这种状态持续的话，持有的资金就会减少，在开店时就需要借款，即高频率的支付会影响店铺数量的扩大。从企业成长的视角来看，是个很大的不利因素。因此，沿袭自古以来的习惯进行交易的企业的当务之急是变更交易条件。

---

① 由销售资产的现金回收期（A）和应付账款支付期（B）的差产生的富余资金。当 A 比 B 小时，资金周转差为正数，资金操作就变得轻松，也能增加固定投资。相反，如果 A 比 B 大时，资金周转差就为负数，支付的资金操作就会恶化。

表 5-4-1　交易方的选择

A. 目的
①充分利用供应商的能力→取得对方高层的援助 ②为此需要正确了解供应商的能力
B. 原则
①不同种类的组合 ②各品种缩小至 2—3 家公司 （帕累托曲线的运用 =ABC 分析找到 A 供应商） ③各类商品（品种、价格区间）选择不同的供应商（不是“各部门”） ④具有大量经销 1 个品种的能力 （因为，数量增至 2—3 倍后，很多供应商无法提供）
C. 选择方法
①“强力”的意思 （× 多品种、× 年营业额多、× 促销好、× 服务好） ②需要与业界的定论进行不同的评价 ③计划性竞争 ④经常与 3 倍以上数量的同类经销商保持联系
D. 最大的缺陷
①太不了解对方 ②交易对象数量太少 ③交易对象太过固定化
E. 第 1 次选拔标准
①对方高层的见识、经营能力 ②现在的占比（日本国内、对连锁店的发货） ③对方的账簿票据管理能力（经营管理能力） ④拒绝不正当，道德清廉 ※ ⑤低价格商品开发能力（trade off 力和生产管理技术能力） 具备以下条件 (a) 定期投标制度（与国际行情比较、明示成本构成） (b) 预计将来会与本公司的竞争对手竞相采购
F. 第 2 次选拔标准 = 作为企业的发展空间 =（同等质量、指定数量）继续扩大供给（年营业额）能力
①质量均衡（品质管理） ②持续性（材料、半成品的供货能力） ③规模扩大能力
G. 第 3 次选拔标准
①畅销品（Hot）交货→ Hot 品种发生率调查 ②追加交货 → Hot 品种补充量倍率调查 ③按照订货交货 →缺货率调查 ④新产品开发 →品种变更率调查

▼提供与 TPOS 相符的品质

此外必须明确的一点是“品质”问题。经常会有人误认为降价 = 品质低下。所以，虽然降低了价格，但是很多企业提供所谓“便宜无好货”的商品，其原因就在于此。

也有“打折”一词，其本质并不是“出售廉价商品”。以往的常识是指拥有以该价格难以想象的高品质。为此首先必须打破“质量高、价格高”“质量低、价格低”的错误常识。而且，最重要的是要理解“用途不同，需求的质量也不同”这一原则。

例如，一般家庭主妇购买牛肉时，既有买每 100 克 1500 日元的，也有买 500 日元、150 日元的。这些不仅是质量不同，用途也有所不同。并不是只要使用最高级的品牌牛肉，就能将所有料理都做得美味。如果不依据用途选择适当的品质，是不会产生物有所值感的。

那么，应该如何选择适当的品质呢？这主要看能否制订与 TPOS 相符的商品开发计划。例如，应该科学调查糖分、盐分、水分等，根据烹饪法的不同选定食材。这个食材是生吃呢，还是烤、煮、炸呢？在此基础上从滋味、香味、回味三个角度不断研磨“味道”。即需求品质不同，进货的标准也会不同。

重要的是不可忘记，质量对商品产生怎样的影响，以及对于顾客而言是否物有所值。为此，需要彻底搞清需求的品质，不这样就不可能解决价格问题。

然后，根据质量标准，在全世界范围内寻找资源。恰当的资源寻找活动是企业利润的源泉。通过找到食材、保持品质，打出低价格。

▼公司整体共享信息，反复讨论

以上论述的事，必须由整个公司共同参与。为此，需要共享信息①。调查的范围有没有限定，有没有遗漏信息，该信息是否详细，有没有遗漏新的调查对象等，全体干部应每3个月1次共同调查、讨论。为了达到理想的品质、实现低价格，需要经常进行改善。信息收集并不是那么简单的。常常是在专业领域之外，只能收集到一些外行信息。

因此，为了收集珍贵的信息，需要在约2周前告知既定的主题，让社员收集各类信息。然后，计划小组②的所有成员共享这些收集到的信息，并加以讨论。实际上，能否做到这点，会表现出以下不同。

例如，A公司有关商品的所有权限都由社长和常务掌握，所以部长以下的职员有关商品的知识几近为零。

B公司有关商品的信息由担当部门的职员掌握，所以企业的方向性不明，至今尚未打出价格政策。

与此相对，C公司没有设定部门权限，整个公司都努力搜集信息，社长以下的计划小组成员共享信息，所以很早就制定

---

① information, intelligence 指具有一定意义的、有助于考虑对策的资料。

② project team 指为解决特定的经营课题，预先设定期限、组建而成的各部门联合委员会及企划小组。负责企划、分析，判断有关改善、改革的调查和实验。在实际调查和实验时，从各部门调出30多岁的具有一定理论基础的企划小组成员进行1天—1周的人海战术。委员由企业各部门的精锐或大干部4—7人组成，任期为半年至1年。对计划和结果进行讨论。其中1人为专任负责人。

了对策。

这 3 家公司中，哪家企业能有所发展已经很明了了吧。在原料暴涨或萧条时期，大部分的餐饮业都搞错了方向。正因为是严峻时期，才更需要收集、共享多样的信息，推进以降价为目标的计划。

第6章

采购对策和质量管理

1　采购对策的具体内容

采购[①]问题的重要内容有以下 2 点：第一，采购“什么”；第二，“从哪儿”采购。

其中，关于“什么”，需商品开发负责人和采购负责人经常讨论。但是，关于“从哪儿”，目前甚至还没有成为讨论的主题。其原因如前所述，日本的餐饮业中“长期的交易关系值得信赖”的误解横行，即使改变食材做法成为话题，也完全没有更换供应商的想法。与以供应商为首的交易对象之间关系的保持方式如表 6–1–1 所示，而日本餐饮业完全没有遵守这些。

日本的餐饮业一谈到商品问题，就一定会讨论“烹饪加工”。因为很多企业都有烹饪加工技术决定商品力的观点。烹饪加工的技术的确会对商品力产生影响，但是比烹饪加工技术更为重要的是严选食材。最重要的课题是在全世界范围内寻找符合本公司标准的食材。

---

① buying 指商品部长决定的商品构成中，决定和确保所需商品的品种、采购价、时期、数量。技术是向卖场提供商品的能力，包括（1）不让畅销品脱销的“追加补充供货”的能力，（2）“滞销品库存的减少”，（3）“热销商品的开发”等。

表 6-1-1　与交易对象之间关系的保持方式

1. 与对方高层的定期个别接触（× 招待） （得到 1—3 年后有关市场计划的机密情报） 2. 严格遵守支付条件 3. 频繁拜访对方 （比起金额，更重要的是见面的频率。比起正门更应该从后门） 4. 绝对拒绝个人回扣、招待、设宴 5. 严厉惩罚该行为 6. 退货条件的明确化 7. 每 13 周变更自动补充制和主力商品的品种 8. 效率数值改变的话，无论是正还是负，必定追究原因（因为有危险） 9. 不断通报本公司的业绩和未来的计划 10. 组建和运营协助会 11. 避免本公司的股份分配和向供应商提供资金、担保融资 （不要结下孽缘） 12. 周期性变更（每年 30%，至少改革和废除 10%。但需要有数值依据） 10 家、30 家、50 家、90 家、180 家，大幅变更	（4、5）以采购负责人会受到诱惑为前提，①养成良好习惯，②3 年后必须更换负责人
◇达成的关键	
①与现有供应商之外的供应商保持接触 ②与 2—3 发展阶段的供应商直接交往	

▼打破业界常识的寻找资源的活动

当考虑采购问题的本质——“从哪儿采购”时，首先必须知道，至今为止，业界普遍的采购途径适用“价格高则美味，价格低则难吃”的绝对原则。即只要拘泥于既往的采购途径，就不可能在每日食品、大众食品方面拉开差距。

突破这个壁垒不可或缺的是打破业界常识的、特别的资源寻找[①]活动。所谓资源寻找活动，简单讲就是不将食材确保委托给业者，企业自己前往原产地、推敲食材，然后进货。

一开始应从事的课题是找到“不加工决不好吃，但也不难

① sourcing　source 指供给源、信息源。指连锁店在全世界范围内寻找商品加工厂、材料生产者、物流业者。连锁店集聚商品的对策。

吃，而且超级便宜”的食材。通过搜集有关这样的食材的信息，能逐渐改善味道，同时降低价格。相反，如果一开始就放手不管，以被赞扬的味道为标准的话，那么永远都不可能找到价格低廉的食材。

为此需要的具体行动有以下 2 个。第一，前往全世界知名的大型产地，自己进行各个食材的资源寻找活动。第二，在国际型大产地的收获旺季，至少从 10 个以上的生产者那儿获取实际产品，进行比较分析。

▼不能以原有的进货方式进行开发

这项活动必须一开始就由餐饮企业自己进行。“首先去找食品厂商和商社”的想法是错误的。

与此同时，这儿最需要引起注意的是，通过资源寻找活动进行食材开发和商品开发的企划小组的成员必须与原来的进货小组不同。因为，以原来的进货方式开发新食材的话，必定会产生以下 3 个弊端。

第一，负责人想从既有的采购途径找到更好的食材。当然，这时找到的只能是成本更高的食材。这些是在多用途、多目的的名目下，绝对抬高采购价格的食材。总之，结果是原价上涨，不能降低售价。

第二，商品开发用的新食材样品多从存在交易关系的供应商处免费获得，结果很难找到世界上最适合的东西。调查和实验环节中的食材，必须是本公司从世界各地寻找而来的，常常需要支付一定的费用。不这样的话，就不能与原有的食材进行质量、成本的客观比较。

第三，供应商会对负责人行贿。这才是引起错误选择食材的主要原因。必须知道只要以原来的进货方式进行开发，这个问题就难以避免。

从以上分析可知，食材开发规划必须与原有的商品部分开，独立设定。组织机构上应由社长或能与社长匹敌的实力干部担任计划小组的直接负责人。不这样的话，资源寻找活动所需的调查研究费、出差费等初期的必要经费就会受到极端限制。

▼通过"开发进口"，在降低价格的同时打造独特味道

资源寻找活动的结果是"开发进口"①。开发进口是连锁店独有的、为向消费者提供利益而不可或缺的商品开发技术。

也有观点认为，进口一部分的材料，或仅从当地直接进口成品也是"开发进口"。这是错误的。

既然称为"开发进口"，就该以本公司制定的说明书②，向供货方或加工业者直接订货。首先，对当地的生产、供货、运输业者细致说明"我们需要这样的商品"。然后，让这些业者采取特别的供货和加工对策。最终得到本公司的独特新产品。

开发进口的第一个目的是大幅降低日本的终端零售价格。大幅度的意思是至少三分之一、二分之一，有时是十分之一。

必须消除"这样的话，产品质量不会有所下降吗"的不安

---

① 自己承担风险，在国外制订材料、栽培、加工、运输、储藏、集中物产的体系等的计划，以工序说明书的方式订购并加以指导，进口材料、半成品、成品，直接销售。

② specification order 指采购负责人制作的、向供应商订货的加工指示图。除了交货期、数量、素材、加工方法、成本外，还规定了质量标准。

感。日本原本的终端零售价格是直接制造原价（FOB[①] 价格）的 8 倍至 12 倍。连锁店经营系统的恰当价格政策将价格压至 3.5 倍。由此，零售价自然就成了三分之一。为了实现这个价格，开发进口是不可回避的方法。

第二个目的是为了开发日本尚无的高质量和高性能的商品，得到在日本一般难以找到的材料和加工品。以餐饮业为例的话，就是在大幅度降低价格的同时，获得前所未有的新味觉。为使这两者都成立，开发进口是不可或缺的手段。

▼ “地产地消”不能促进生活水平的改善

餐饮业今后的连锁化，必须要实践以上的进货原则。另一方面，关于进货仍然存在很大的误解。

例如，一般媒体和行政单位不断倡导“地产地消”，这是进入 21 世纪后的发展趋势。其意思是当地采摘的食材在当地消费。有时，可以简单地将这句话理解为安全、安心。

这个概念始于超市，最近影响到了餐饮业、服装业以及日用品行业等。很多餐饮企业公开声称从店铺附近购入的食材比较新鲜。但是，重要的是这对于消费者而言真的有益吗？这么考虑的话，附近采购食材能否降低价格成为问题。

与此同时，使用该食材的商品的品质高吗？高的话，就该考虑本公司在发展多家店铺时大量购入，然后在全国推广。如果因为是艺术品，所以不增加的话，那么不得不说其社会贡献

① free on board 指卖方在出口港口将商品装船后交付给买方时的价格。CIF（cost insurance and freight）指在到达进口港口时船上交付的价格。

度原本就很低。

酱汤、酱油等调味料和腌制品是地产地消的产品。但是很多也从当地推广到了全国各地。即越是全国，或者国际上通用的商品，就越便利、越能丰富生活，从而得到广泛普及。从这个意义上来讲，以地产地消为口号而生产的商品是不能成为全国商品的，甚至可以说是缺陷、弱点较多的商品。

由此来看，地产地消的概念是指该地区的生活水平停滞不前，决不可能达成连锁店改善生活水平的目标。

▼并非是“刚采摘的”就好

超市销售鲜鱼时，常大肆宣传“因为是近海捕获的，所以新鲜”。但是，“刚捕获的好”的观点本身就是错误的。实际上，新鲜与距离的远近并无关系。因为，如果没有充分做好温度、湿度管理，水产品的话 30 分钟，加冰块冷冻则最多 1 个小时，蔬菜的话采摘后 3 小时，其新鲜度就会大幅度下降。

例如，一般人有“神奈川县、三崎的金枪鱼好吃”的幻想。实际上，三浦半岛的近海捕不到金枪鱼。而且，即使在近海捕获了，问题也不在于距离。捕获地在哪儿不是问题，从海里捕获上船后至真正急速冷冻所经过的时间才是问题。这个时间引起的品质变化在很大程度上左右了价格的上下波动。

蔬菜也是一样的。一般常说，早上采摘的蔬菜好吃。但是，很多时候是早上 5 点至 6 点采摘，进入超市和餐饮业的冷藏设施最早也要 9 点至 10 点。期间的 3 小时至 4 小时是常温放置的。当然，这会导致品质的急速恶化。

关于这个问题，将在后续的物流问题中详细解说。日本这方面做得最好的是萨莉亚。萨莉亚采用的是低温物流体系[①]。所谓低温物流体系是指将生鲜食品从产地或捕捞地运往店铺时，采用冷藏或低温的方式进行运输和保管的体系。

据与萨莉亚签约栽培的农家说，早上 6 点收获的莴苣，比起带回自己家晚上吃，还是在萨莉亚店铺吃到的更新鲜、更好吃。这是因为萨莉亚牢牢确立了低温物流体系。尽管是同天、同时间出货上市，但比起栽培地，最远的地方反而保持了新鲜度。这就是低温物流体系的效果。

▼明示产地的错觉

此外，还有一个根本错觉是为了消费者“能见到栽培者的脸”，这是日本农林水产省普及的一大主题。英文是“traceability”[②]，意思是明示从生产者至店铺的物流途径，追溯至原料阶段。

例如，很多零售业和餐饮业在促销时张贴“这个蔬菜刚刚采摘，是附近的农家栽培的”等印有肖像画、照片、名字等的 POP 广告[③]。

但是，明示产地真正注重的不是给消费者安心感。完善明示产地的好处是企业、生产者可以了解物流和消费的实态。

萨莉亚的契约农家所说的是，通过了解店家如何烹饪、销

---

① refrigerated distribution system 指将生鲜食品从产地或捕捞地运往店铺时，采用冷藏或低温的方式进行运输和保管的体系。目的是保持新鲜度的同时，降低成本。包含检查、加工作业。

② traceability 指明示产地。正在向向消费者明示原产地和中途加工地的方向发展。

③ point of purchase advertising 指店铺内广告，目的是做到顾客即便不问店员也能明白。与媒体广告和传单广告不同，也称为最终广告。

售自己生产的食材，而重新考虑栽培方法和种类的选择方法，而且认为这是提高商品质量的最佳方法。

比起让消费者了解生产者的长相，更为重要的是生产者了解消费的实态，由此得到提高质量的最大启示。必须知道，这个想法在商品问题上非常有效。

2　商品开发负责人和采购负责人的任务

▼餐饮业中发展最慢的领域

为了让连锁店的资源寻找和开发进口工作步入正轨，商品开发及进货和提供方法方面的专业人士是不可或缺的。

专业人士就是商品开发负责人[①]和采购负责人[②]，是连锁店中最重要的职位。然而，日本的餐饮业中，有关两者工作不同的认识很模糊。

所谓商品开发负责人，就是从事新商品开发的人。即在餐饮业中，菜单的更新是其主要工作。与此相对，所谓采购负责人对采购负有责任，日常菜品的食材调拨是其工作。

这些专业人士的培养是日本的餐饮业中最为落后的部分。尤其是，主厨、烹饪负责人等兼任商品开发和采购的旧恶习依然存在。大型餐饮企业设有商品开发负责人和采购负责人，但

---

① merchandiser 既定范围内的商品和商品开发计划的责任者，也是商品供给体系的设计、协调者。因此，对于从原料至消费结束为止的所有工作负有责任。连锁店中的商品（销售）责任者、商品开发负责人，属于商品开发职能的职位。

② buyer 指担负商品收购、向店铺供给商品的责任的专业人士。与传统意义上的采购不同，对卖场每坪的毛利润或全体店铺的贡献差额利润承担责任。业务范围是在严格遵守事先规定好的商品政策的基础上采购选定品种、对采购数量及交货时期进行交涉、向店铺进行配送、进行商品展示，决定促销对策、库存处理、售价，但不进行商品开发。

是关于其职务内容和能力，各家企业则完全不同，这与发展缓慢表里相关。

两者是连锁店经营体系中的专业人士，专业性本该极强，然而，一直被误解为只要能灵活运用以往积累的经验和知识，就能进行商品开发和采购、调拨。

▼采购负责人需要在全世界范围内调拨食材

采购负责人的工作是以更为低廉的成本，在确保食材、设备、工具、消耗品的适当品质和功能的同时，采购必要的数量。

日本以前的餐饮业，这份工作全由烹饪负责人完成。

但是，如果是以改变大众日常生活为经营理念的连锁店，就必须由采购负责人负责采购。其中，食材和设备应该在全世界范围内寻找最合适的。这需要时间和经费。所以需要采购负责人将大部分的工作时间花在调查活动上。具体来讲，1 年应有 100 天在海外开展资源寻找活动。

为此，采购负责人必须走遍全世界品尝大型连锁店的食品。因为这样的体验是最为有效的学习方法。

斟酌其是否是关键的大众，即 80% 的人共同觉得好的商品，日常就关注其是否是 365 天中 300 天想吃的食品。

此时首先是店铺比较。采购负责人应做的店铺比较的要点集中表现为以下 3 点。①适合成为大众品味吗？②是能每天购买的价格吗？③关注销售方法 = 业态。业态是指选址、店铺的构造、停车场、设计、菜单的制作方法、员工的应对方法等，与开店有关的所有要素成为调查对象。

这里的问题是“味道好”这一评价尺度的适用方法。世界上既有单价 3 万日元的美食，也有 5000 日元和 1000 日元的美食。但是，既然以建立连锁店为目标，就要以商品单价在 500 日元以下为前提。即不是寻找价格高昂的食材，而是寻找大众日常能接受的售价和品质，这是最重要的。

其次是关注国际商品展销会。特别关键的是必须前往材料展销会，检查各类食材。然后参加加工、储藏、搬运、器械的展销会，逐个调查质量、用途和功能等。

第三是找到样板加工中心[①]，参观学习。单单是申请参观学习的话，世界上很多地方都不会接受。如果作为将来的交易候补对象加以申请的话就没问题。如果对方对此表示理解，就能参观实际运作中的加工中心。

▼在各个负责的领域寻找新资源

采购负责人越是缩小负责领域，其技术就越高。因此，各个领域都需要设定采购负责人，如动物蛋白负责人、农产品负责人、谷物负责人、调味料负责人等。然后，动物蛋白最终需要区分为水产品和畜肉。畜肉需要进一步区分为牛、猪、鸡。另一方面，农产品需要划分为根菜类和叶菜类。

此外，无论哪种食材，都必须在全世界范围内寻找资源。最近不断听到“地产地消”一词。如前所述，如果以连锁经营为前提，地产地消的构想是错误的，必须了解这点。而且，全权委托批发市场的中介也是错误的。依赖中介的话，物产的进

① process center 指进行食品一次加工和二次加工的工厂，集中进行材料选择、加工、预先包装后的定价。

货渠道就会受到严格限定。

逛几家近处的批发市场，或仅找那儿的中介的话，能完成一家店铺或分店经营阶段的采购，但是决不可能作为连锁店的资源寻找活动。这点应铭记于心。

特别是农产品，某个特定地方的收成时间极短，1 年 1 次大量购买 1 个品种几乎不能维持。从这个意义来讲，需要建立整年都能购入同一品种食材的体系。

但是，日本的餐饮业几乎都没有确立这样的体系。实际状况是大都全权委托附近的供应商。

此外，应以怎样的条件采购也是个问题。采购负责人当然想以更为低廉的原价进行采购。为判断该价格是否“更低”，需要比较商品是否为同一品质。但从烹饪加工、商品化的立场来看，作为业界常识的好品质和本公司需要的好品质也未必一致。

本公司经营所需的食材和烹饪工具、消费品，需要什么样的品质和功能，这点需要预先确定优先顺序。不这样的话，采购负责人根本不可能完成职务。

▼“商品化”指什么

另一方面，使用采购负责人从世界各地采购而来的食材，组建菜单、进行商品化是商品开发负责人的工作。此外，考虑加工、贮藏、运输、初期加工和消费者食用前的最终加工方法也是商品开发负责人的职责。此时，需要按照以下的顺序入手。

第一，科学检查。最近常发生食品污染事件。日本的餐饮业中几乎没有对商品化计划进行系统、科学检查的企业。当然，在连锁化的过程中，提高品质需要变更食材，此时必须进行突袭式的科学质量检查。

第二，需要进行试制品的保质期测试。这个不用从外部特聘测试者，选择与本公司的顾客层几乎相同类型的员工20名至30名，反复进行试吃品尝和举行评价会即可。

第三，新品试销也有一定的原则。首先在1家店进行实验，然后3家、10家，最后应该以地区或区域为单位进行实验。无论哪个阶段，只要没有预期效果，就必须再一次返回试制阶段。重要的是只有新品试销进入正轨，才能导入菜单。当然，在菜单化之前，必须在店铺阶段提供有关作业的特别训练机会。

▼做到“一品大量化”了吗

此时重要的是，商品开发负责人每13周检查开发商品的销售量，以确认是否步入了一品大量化的轨道。实际取得的业绩作为对商品开发负责人的评价标准。然后，在导入商品1年后，对所开发的商品创造的贡献利润[①]进行评价。

只是，由于要评价的是该年度开发的商品利润，所以即使下一年度继续销售该商品，也不能作为商品开发负责人的业绩进行评价。总之，要点是比起开发各种菜单，能否大量销售一个商品与评价直接相关。

但是，日本餐饮业的很多商品的质量在销售开始后不久就会变得不稳定。这样的话，很难做到大量销售某一商品。其原因可能各不相同，但必须要弄清楚是在加工、物流、贮藏的哪个环节出现了问题，还是购入食材的质量发生了变化。

---

① contributed profit 指1个人给企业带来的毛利润。

假如能够确定是在加工、运输、储藏的哪个环节出现了问题，商品开发负责人就会被追究责任。另一方面，如果其原因在于食材本身，那就是采购负责人的疏忽。

但是，日本的餐饮业中，各个要素互相交织、呈现复杂样态。所以，不追究责任者而就此取消商品的例子非常多。然后，每次开发新商品，都会发生同样的事件。

▼专业人士的定位

必须要明白，对于连锁店经营而言，明确区分采购和商品开发的责任、义务很重要。社长必须做好明确的区分。

此外，要知道有些人不适合担任采购负责人和商品开发负责人。令人吃惊的是，日本的餐饮业中，有不能吃鸡肉、螃蟹、虾、香辛料的人担任采购负责人一职，但不该让这种挑剔或体质过敏的人担任采购负责人和商品开发负责人。

在满足以上条件的基础上，采购负责人需要时刻关注食材和设备的发展动向，在全世界范围内不断寻找新的原料、加工方法或者新的储藏方法，不可有一丝的疏忽。

另一方面，商品开发负责人必须知道什么样的菜品和顾客的来店动机直接相关。找到吸收新顾客层的条件也是市场营销[①]的一个课题。

如前所述，无论是哪个场合，最重要的是不断进行店铺比

---

① marketing 原本是指商品从生产到最终交至消费者手中的所有科学的、有计划的经营活动，实际上仅指让消费者购买更多的营销努力。对日本厂商而言，则指把产品卖给消费者的技术。

较。即不断找到世界第一的东西。对采购负责人和商品开发负责人而言，必要的是以下两点：第一，扩大顾客层。第二，增加每位顾客的购买数量，提高来店频率。

一般而言，45 岁以后能具备完成这项职务的能力。为此，35 岁至 40 岁期间需要参加前述的科学检查、保质期测试和新品试销，以获得各种知识。在商品发生问题时，需要具备观察分析和调查原因的能力。为此，在 20 至 30 岁左右的时期，需要熟悉店铺运营的完全作业，以及在有可能实现更为廉价的劳动成本的现场积累经验。

采购负责人和商品开发负责人是在以上经验积累的基础上才可完成的工作，这点必须在公司内明确定位。

3　对产业化来说不可或缺的中央厨房的确立

▼日本缺乏真正的“中央厨房”

日本的餐饮业未能组建的代表例子是中央厨房，其作用是集中进行店铺阶段的大部分作业。中央厨房是否大规模、高效运作是能否在今后的竞争中胜人一筹的关键所在。因此，准备工作必须尽早展开。

首先必须明确的是，建立中央厨房的第一个目的是大量削减企业的总人工工时。在以总人工工时计算整个公司的作业量时，中央厨房要做的是将该数字至少减少 30% 以上，力争减少 70% 左右。

尽可能多地将店铺阶段的作业集中在中央厨房进行，店铺阶段的剩余作业必须是真的只能在现场完成的最终加热和装盘等，这点必须明白。

调味是中央厨房的本职，每盘 1 人份的配菜也是中央厨房的工作。调配、配制等高难度的烹饪加工也要尽可能在中央厨房完成。

日本的餐饮业虽然一直说有集中加工厂，但其实态不过是简单的厨房[①]而已。

---

① central kitchen 指餐饮业中预先集中进行原材料加工的设施。由于类似于家庭厨房的手工作业比较多，所以称之为厨房。其实应该是中央厨房。

如果一开始就想建立厨房，那么结果只能是计时工一边闲聊一边在大桌面上做些原始的手工作业而已。这样的话，不可能减少总人工工时。

中央厨房是作为制造直销业的餐饮业不可或缺的“工厂”。工作常态应该是这样的：工人在机器里放入材料后，看到成品将是在加工器械的另一端。

▼以高技术维持高水准

建立中央厨房的第二个目的是使商品质量均匀。这可以持续提供本公司的独特商品。

为了均衡质量，必须进行质量管理，特别是检验产品[①]中的质量检查。餐饮业虽然在现场“进行验收”，但不过是数量检查而已，决不是质量检查。因为，质量检查比数量检查要求的技术要高得多，不明确质量下限的标准就难以实行。而且，只要一个地方没做好，就会犯大错。供货商直接将食材配送给店铺的状况下，质量检查事实上是不可能的。

质量均衡的第二目的是店铺中商品的处理，即烹饪加工的标准化。

即使店铺的作业人员不具备高度的技术也没有关系，持有技术的少数人在一个地方集中性地、尽量使用机械以维持高水平的是中央厨房。其有利之处是，将较难部分的烹饪加

① checking of incoming merchandise against purchase order 指验收职务的必要作业之一。将订单与到货的实物相核对的作业，不是将到货的实物与交货单或发货单相核对。因此，验收现场必须有订单的复印件，核对的内容分为“检查数量（品种和数量是否与订单一致）”和“检查质量（质量是否和订单一致）”两类。

工作为技术对象，在一个地方进行管理。此外，比起在各个店铺安排技术人员，在中央厨房配备拥有高技术的人才更容易。为了维持品质、减少质量的恶化，只有在一个地方进行工程管理。

确定所需数量是餐饮业中最难的技术问题。因为从中央厨房配送店铺所需的各个单品，所以比较容易发现订货数量的错误。当然，也容易采取改善对策。

关于缺货，如果是由供货商直接向店铺发送，是永远不可能改善的。

▼不需要“高性能”的硬件

中央厨房的建立，必须在连锁化的最初阶段就开始着手。40 多年前，笔者刚开始在美国调查连锁店问题的实例，在对方的餐饮连锁店中感到最惊讶的是，那时已经是大型企业的连锁店从 1 号店的阶段就开始建立与营业店铺不同的中央厨房。

谈到中央厨房，很容易想象为几百坪、几千坪的建筑物。实际上，一开始建立中央厨房时，必要的是反复进行食材加工和送往店铺这两项功能的实验。因此，最初的实验只需要 10 坪，大的话 30 坪就足够了。

日本餐饮业中有很多失败是因为没有进行这项“功能实验”，而从一开始就寻找硬件。前往硬件厂商处，咨询：“有什么样的机械？”厂商当然会回答：“这样高性能的机械有很多。”看到实物设备和其性能展示，就会产生“这正是本公司想要的设施”的错觉，然后购入。

实际上首先要明确公司想减少怎样的店铺现场作业，如何统一减少错误较多的作业。还没搞清这些问题就盲目寻找硬件的话，只会进行高成本的设备投资、浪费无谓的运营经费。

反复进行功能实验，在确定集中批量处理所需的硬件设备后，在全世界范围内寻找相关厂商，才是正确的顺序。

不是问“有什么样的机械”，而是：“有能这样加工的机械吗？”有的话，“具有什么样的性能？价格是多少？”

工厂经营的基本是生产管理①，其中包括质量管理②和工程管理③。工程管理的原则是加工中的物品中途不停滞。

即所有加工机械必须是同样的加工量。

最尖端的制造机械反而会使工程紊乱。购入的机械每天 1 至 2 小时，有时只要工作 10 分钟就能处理好当天所有店铺需要的数量，全部工作的话反而增加成本、不合算，这样的例子也是有的。

原本，购入的设备每天至少 4 小时持续运作，而且，在加工工程中，不应有等待和保管的状况发生，尽量减少人工加工，这才是工程管理。

---

① production control 指综合调整投入的物量（劳动力、机械、装置、原材料等物品、资金），使企业整体的生产力发挥到最好的技术。如果限定于工厂内的生产，就是工程管理的意思。

② quality control 指利用统计统一质量的方法。找到质量参差不齐的原因，并进行去除，使得质量稳定并改善。主要使用“管理图法”。

③ production control　工程是指加工原材料至最终成品化之间的所有过程的作业种类。从质量、原价、交货期三个方面设定计划、加以实施、协调管理，以达到最佳效果。

制造主线整体应高性能，途中混入一部分特别突出、特别高性能的机械，哪怕只有 1 台，也会立即增加不必要的人工工时，质量管理水平也会一下子下降。

▼生产管理技术人员发挥专业人士技术的方式

比这些硬件问题更重要的是确保中央厨房的技术人员。

运营干部首先必须掌握生产管理技术。

餐饮业常常从食品制造商处物色生产管理技术者。但是，纯粹从技术角度来看，与食品加工经验的有无无关。因为，生产管理技术是所有产品领域共通的、普遍性技术。所以，具有从零开始努力开发经验的人更为理想。家电制造商也罢，化学制造商也罢，都没有关系。

生产管理技术人员的负责人必须是 50 岁左右的，生产管理技术方面经验丰富的人。但是，日本的餐饮业没有培养这类技术者的经验，所以，事实上仅 1 人的话很难确定。

因此，最先物色的是 20 年的、45 岁至 50 岁的人员，然后，物色的是能当助手的 15 年的、35 岁至 40 岁的人员。这样进入正轨后，才能找到 30 年的、50 岁左右的人担任中央厨房真正的管理人。之后，作为中央厨房的对策，可以聘用 4 年制大学理科毕业生。

这个顺序极其重要，弄反了的话，就都不能确定。而且，要做到这样，至少需要 3 年至 5 年的时间。

当然，此外也需要让经验丰富的厨师担任中央厨房的要员。但是，并不是烹饪经验丰富就可以了。味觉方面需要有一般人难以企及的水平，能分辨食材的好坏，知道烹饪加工的微妙之处。即大家都认可的“本公司的社宝”级人才。

必须配备几位这样的高级专业人士。专业人士常驻中央厨房，确认每天的味道是否保持在同一水准。如果没能确保，就需立即指出主要原因在哪儿。这就是生产管理技术人员。当然，这类专业人士的负责人应该给予其董事级别的待遇。

这些人应该在公司内培养。没有的话，可以以 1 天数十万日元的报酬，聘请日本第一的专家在休息日前来兼职，现场实际培训选拔出来的 30 岁职员。通过这种方法的积累，以 10 年规划加以培养。

此外所需的人员全都从零开始在公司内培养。不可将对烹饪加工不精通的人作为中央厨房的要员。因为，中央厨房的核心不是好手艺，而是生产管理技术。

▼加工设备每 10 年需更新一次

一般认为，连锁店经营中，中央厨房应在每个区域设置 1 个。

所谓区域的不同是指气温、气候的不同。配备的标准是总人口约 200 万至 300 万人设置 1 处。根据食材的不同，也有在全国 1 个地方进行一次加工，然后在区域单位的中央厨房进行二次加工的方法。

不可忘记的是，不仅是食材，消耗品也要同时处理。设备机器在 3 年内还清，只有中央厨房有库存，每天提供给店铺，通过建立这样的体系控制投资成本和运营成本。

此外，完成时的理想状况是，建筑面积的使用部分最多为 20% 至 30%，剩下的 70% 至 80% 作为剩余空间。因为，随着中央厨房的完成，开店速度会一举增长，与此相应的是，需要立即扩大中央厨房的功能。即制订用地、建筑面积计划时重要的是，设备开始运转后的10年间，仅扩大功能就可完全完成必要的生产量。

反言之，同一中央厨房用地持续使用10年以上的话，无论从哪个方面来看，都不是上策。设备能力、用地、建筑物的面积，特别是选址方式，10年后当然会改变。所以，必须有中央厨房用地10年全部利用的规划。

管理会计方面，应该以中央厨房向店铺销售产品、单独计算盈利的方式制作计算管理表，设定中央厨房的ROA每年超过20%的条件。这样，运作开始后的10年内，能够果断售出、搬迁，然后扩大。

日本的餐饮业很少对中央厨房的投资回收、对资金收益①进行独立核算。而且，计算中央厨房几乎没有机会收益，即店铺现场的平均计时工资×削减的总人工工时。也即，关于建立中央厨房的好处，公司内没有一致的数值。这也是日本餐饮业没有推进真正意义上的中央厨房设置的重要原因。

▼开拓利润的新作战

今后，餐饮业为了能在激烈竞争的时代胜出，必须建立真正的中央厨房。特别是想要获得开拓利益的话，只能建立中央厨房。

因为，所谓中央厨房是指，餐饮业回归其制造直销业的本

① return on assets(ROA) 一般称为总资产收益率（ROA）。应保持在10%以上，超过15%的话资本的收益性就高，不满10%则低。

质，追溯至原料或材料阶段，自己负责质量、成本进行生产，以获取机会收益。

二战后，日本的食品制造商进入产品加工领域，其技术领域越扩大，与餐饮业原料加工相关的商品开发计划[①]的领域就会变窄。餐饮业的末端消费价格至今不能拉开差距的原因在于这样的根本构造。不能进行划时代的打折也是因为原料和材料的主导权被食品制造商掌控。所以不具有真正意义上的价格竞争力。

为了建立连锁店大型商品开发计划[②]体系，当然需要积极介入产品加工的前一个阶段、调配材料，从而打出成本优势。是降低零售价格，而不是扩大利润。为此，在原料加工和产品制造两个方面应具有能与制造商不相上下，甚至超越制造商的技术和管理能力。

如前所述，日本的大部分餐饮业有一个很大的缺点——没有一个能大量销售的强有力的商品。

假如有200家连锁店，每个食品每家每天销售250份的话，中央厨房每天至少需要生产5万份。中央厨房式的加工只能完成少量。从每天生产1万份的视角来看，手工作业是无论如何都不可能完成的。所以，当然必须以真正的工厂生产为方向。

只有认清作为制造直销业的本质、建立中央厨房，才能向

---

① vertical merchandising 指将从材料阶段至交付到消费者手中的商品计划（商品开发计划），作为一个市场营销计划加以考虑、推进。本公司自己承担风险是关键。

② mass merchandising 为实现“经济民主主义”，通过增加标准化店铺至200家以上，取得大众特别经济效果（利益）。在美国是指包括生产、物流、保管等活动在内，连锁店管理商品时的一切活动和制度的总称，也称“体系建立”。

真正的连锁店发展。虽然物流需要时间、距离也远，但在全国建立 10 个中央厨房的话，就能覆盖所有地区。

然而，对于为此所需的配送体系、物流[①]问题等，日本的餐饮业大大落后。在物流方面做得最好的是便利店，而且其技术正日新月异地发展。这个技术方面的差异才是在发展多家店铺方面，餐饮业被便利店瞬间超越的主要原因。

▼ HACCP 体系的导入

中央厨房的建立应导入 HACCP 体系（食品制造工程综合卫生管理体系）。HACCP 是"提供安全食品"的体系。这个体系的建立有如下的 3 个特征。

①预先考虑从原料的进货至交货为止的所有过程中可能对安全性产生威胁的危险内容（HA= 危险分析），确定为防止发生而应加以管理的问题点（CCP= 预防危险工程）。这样的管理对策需要科学依据。

②在此基础上，继续监视、记录 CCP，如有异常，立即采取必要对策。

③与只检查一部分商品的样品检验方式不同，应构筑所有商品均安全的体系。

即 HACCP 是自己进行危险分析，预测现实中会发生的各种危险，在此基础上采取可称为绝对安全的、具有科学合理依据的对策。为此，必须明确所有作业方法、作业人员、工具。

---

① physical distribution 指物品的流通。使商品从生产者向消费者的移动最为有效，且以最低成本实现的体系。

因此，实行 HACCP 的话，手册就会增加，作业的完全状态会更明确。由此，自然推进完全作业化，质量和作业方法也会标准化。所以这是管理的捷径。

目的是实现食品安全和构筑紧急事态对策。这是连锁店通过逐一确立规则而完善管理体系的卓有成效的方式。详细请参照表 6–3–1。

表 6-3-1 HACCP(Hazard Analysis & Critical Control Point) 体系

1. 意义
食品制造工程综合卫生管理体系 20 世纪 60 年代开发于美国，20 世纪 90 年代世界保健机构和联合国粮食农业机关将其作为食品制造的基本结构予以采纳。之后，在美国、EU 等世界各地，推进了食品加工业务的义务化。
2. 连锁店推进 HACCP 的目的（不仅是食品安全和紧急事态对策）
A. 明示完全作业的条件 ①标准品质 ②作业的工具和方法（动作和顺序） ③各作业种类（工程）的必要能力 B. 商品和作业的标准化 创建无论何时、无论谁操作都能得到一样结果的体系 C. 观察、分析、判断的制度化，以实现持续改善改革 D. 为达成以上 3 点的具体课题（该做什么，采用什么样的方法）已汇总在指导方针中
3. 注意点
没有“HACCP”的资格和制度，但是导入该思路的认证制度在各国、各业界有很多。
4. 原则
基于 HACCP 的具体管理方法，各国、各业界、各认证团体都有所不同。但是，以下 12 种方法则是共通的。 (1) —(12) 是被称为“7 原则”的核心主题。(1) —(5) 是其前提条件。

(1) 专家小组的组建	(6) 危害分析（危险分析）	(11) 查证方法的设定
(2) 产品的具体说明	(7) 重要管理点（CCP）的设定	(12) 记录保存及文书制作规定的设定
(3) 目标使用方法的明确化	(8) 管理标准的设定	
(4) 制造工程一览及设施图纸（平面图）	(9) 监控方法的设定	
(5) 上述内容的现场确认	(10) 改善措施的设定	

4 物流是维持品质的生命线

▼成本的削减需看最终的结果

前面谈到了日本的餐饮业在物流方面远远落后于便利店。这是在发展多家店铺方面拉开差距的主要原因。根本问题是餐饮业对物流存在很大的误解。至今为止，日本的餐饮业将物流问题视作成本削减对策的一环。但是，物流问题的第一目的不是成本削减，而是品质的维持，这点必须明确。

具体而言，从材料产地至中央厨房，然后至店铺的运输途中，或烹饪加工期间，质量管理方面的疏漏有很多。首先应对此采取对策。正因为质量管理不够完善，所以味道变差、损失变多，结果，对消费者而言，商品没有物有所值的感觉。产生这样的恶性循环是餐饮业的现状。

即物流问题的本质首先在于品质的稳定。

但是，日本的餐饮业从未确立过标准品质，也没有进行过研究。结果，不知不觉中产生了品质上的浪费、不均、不足，由此进一步增加成本。

谈到提高质量，业界常识常有增加成本的印象。事实上，科学提高标准品质的话，总成本会自然下降。这是 20 世纪后半叶全世界的连锁店建立的经验法则。

因此，物流合理化的结果会削减成本。作为规划主题，首先应确定标准品质，然后持续维持该品质，必须以此为重点。

▼确保果蔬的所有权归栽培地

调查、推敲本公司的惯例是否一贯具有合理性是物流对策的出发点。

要点是调查在进货过程中的哪个阶段，本公司拥有了所有权。大部分餐饮业的状况是，中介等供货商在店铺后院仓库交货时获得所有权。这是极其荒谬的。

例如，蔬菜的价格由果蔬市场决定。将蔬菜运至市场的是供货方，然后运至店铺的大部分是中间商。但是，从店方来看，自己购买的蔬菜的管理很长一段距离是委托给其他业者的，必须掌握在委托期间进行了怎样的管理。例如，从农田至市场、市场放置期间、然后在市场确定价格后运至店铺，这段时间内是否是常温放置的。如果是，那么就是完全没有进行食材的质量管理。

从产地开始就由自己公司直接管理是最有效的。因此，20世纪初开始，以连锁化为目标的欧美餐饮业将从产地直接购入原料作为连锁化商品开发计划的第一步。

果蔬的话，采摘前在栽培地确定价格，然后签约。因此，采摘作业也由连锁店的采购负责人雇佣的季节劳动者完成。而且，采摘时使用的工具、搬运工具等都归连锁店所有或由连锁店租赁[①]使用。当然，停在栽培地附近道路上的运输卡车也由连锁店准备。

---

① rental 指以不固定的多数人为对象，收取一定租金后短期借出。

▼采摘后立即进行温度、湿度管理

建立这样的体系会直接带来很多好处。

首先，可将不需要的、不能直接作为食材的部分留在栽培地，大幅度减少运输的体积和重量。

第二个好处是在采摘后的 3 小时内可以开始温度和湿度管理。当然，为此需要将摄氏 4 度以下的急速冷藏设备放置在卡车单程 2 小时以内的地方。很多欧美国家采用配有急速冷藏设备的可移动拖车就是这个原因。

现在，生鲜蔬菜沙拉很好吃，餐饮业的连锁店当然要解决这一课题。另一方面，也有在采摘后经过 6 个小时至 12 个小时才放入急速冷藏的食材。试着比较 2 种食材，连锁店的购入价格几乎是一样的，但是质量差却有 5∶1，有时甚至达 10∶1。

水产品的话，从海里打捞上来后就需要立即进行温度管理。关于这点，日本的餐饮业也做得很差。现在，就连家用冰箱的使用手册中都记载了各类生鲜食物的不同保鲜温度。而餐饮业在处理水产品时，除了一些特殊的日式餐馆和高级餐厅，都忽视了各品种适合的保鲜温度。与此同时，关于动物类食品，包括畜肉，必须考虑其需要一定的熟化时间。

面包房等也是一样的。面包的保鲜期，如欧美的主食面包，在美国，就连零售业都知道是 4 小时以内，这是常识。但是，日本的餐饮业在处理面包时，20 小时以上都无所谓。

关于大米，就更需要注意。即使是北海道产的三等米，如果是用昨天刚捣的米做的米饭，会比一个月前捣的新泻县产正宗腰光稻还要好吃，这是个简单的实例。

▼半成品的滞留会增加作业量

餐饮业物流的最大问题是，即使在本公司的中央厨房内，加工中途半成品滞留或放置 1 小时以上的例子很多。

从工程管理的角度来看，这是最糟糕的。因为，商品质量急速下降的同时，前前后后的作业量也会增至 2 至 3 倍。

不管采取怎样的运输方法，食品的温度和湿度管理能否控制在真正科学的、预先设定的误差容许范围内是质量管理的重点。

即使只超过容许误差的 2 度至 3 度，产品质量也会一举大幅下降。现在，船运、铁路运输使用的大型集装箱也能将温度调整控制在正负 2 度以内，为什么 2 吨、4 吨、6 吨的卡车不能进行温度调整呢？这点需要重新认真对待。

更被忽视的还有湿度管理及车辆运输途中给物体带来的振动影响和其容许范围。关于这些，在确定标准品质的基础上进行实验是不可或缺的，但是餐饮业却完全没有开展。

这些在 20 世纪 60 年代是没办法控制的。在近半个世纪的技术革新的推动下，硬件领域的条件均已具备。那么，如果不灵活利用、不确立标准加以处理，就是懈怠。

▼物流对策不能仅考虑运费问题

要解决质量问题，必须在工程管理的同时进行研究。因为本公司的加工、储藏、设施内的移动也罢，两个地点之间的长距离移动也罢，都是工程管理的对象。其中，距离问题会引起特别关注，但是比起这个更需关注的是运输方法，特别是运输机器门的开关次数会给成本和品质带来很大的负面影响。

即必须要知道，就成本和品质而言，运输 100 公里、装卸 1 次比运输 20 公里、装卸 4 次有利得多。当然，必须探讨 1 辆车或 1 个集装箱满载运输时的最佳食材组合方式和搬运频率。然后以推导出的结果为依据，反复进行品质和成本实验。

经过反复实验，自然就能确定标准的装载方式、搬运频率，以及对店铺而言的交货频率。如此进行质量管理的话，自然就能大幅削减成本。

餐饮业的所有物流对策都没有按照这样的标准顺序执行。现状是，紧急寻找卡车公司、报价，然后只关注运费问题。关于品质维持的运输方法，根本没有谈及。

所以完全没有工程管理和质量管理方面的改善。因为只关注运费问题，所以不管你委托 A 公司还是 B 公司，都不可能削减总成本。然后，质量问题就永远得不到解决，一直遗留。

▼在 1 家店铺反复进行调查和实验

物流问题的本质，无论是餐饮业还是零售业，都是一样的。必须知道，餐饮业比零售业更容易处理这个问题。

因为，零售业销售的商品数量很多。50 坪至 60 坪面积的专卖店经营的数量超过 2 万。综合店的话，会有 30 万至 80 万种。而餐饮业的商品数不过数百种而已。

那么，从几家店铺开始着手物流问题比较好呢？不管有几家店铺，只有在 1 家店铺反复进行调查和实验，才能进行标准体系的开发。首先从 1 家店开始，然后在 3 家店具体化，然后是 10 家、30 家、100 家，逐渐扩大实验的适用范围，这才是标准的体系开发的方法。

那么，即使只有1家店，也应该尽早开始实验。只有这样，才能判断哪项作业可以从店铺后方的烹饪地撤离。因此，既然以连锁化为目标，那么发展至3家店铺时，作为调查计划，就该着手与品质管理和工程管理相关的、广义上的物流问题。

▼不是不要批发商，而是利用其什么功能

关于物流，还有一个问题是如何理解“批发商”。

前面指出，流通阶段批发商的介入会提高间接成本，所以有人提出了“批发商不要论”。但是，真正应该作为问题的是“批发商”一词的意思。如果把其理解为日本自古以来就有的“批发商”，那么这样的中间批发商与其说不要，不如说没有社会存在价值，最终会消亡。

但是，在餐饮业领域，就连真正发挥连锁店势力的欧美国家，也有批发商的存在。不是至今为止的“wholesaler[①]”一词，而是应被总称为供应商的批发商。

其更为专业的正式名是具有中间商、经纪人、地方供应商、销售代理商、质检商等特殊功能的供应商（参照表6-4-1）。这样的供应商当然应该一直大显身手，因为他是具有加工和收获两个阶段的生产管理技术的物流业者。

即使进入了21世纪，物流问题仍然是日本餐饮业最为落后的技术课题。也就是说，只有找到了解决这个问题的对策，才能具有战胜其他公司的竞争力。

---

① wholesaler指批发者，介于生产者和零售者中间，进行交易、使商品流通更顺畅的业者。

表 6-4-1 供应商的功能种类

符号	功能名称	本质（能力）	业务内容
a	供货商 supplier	纯粹批发商 （生产者）	材料 = 从产品加工第 1 阶段开始拥有所有权
b	销售代理商 distributor	运送和终端的小额集中物产商	物流能力、销售代表
c	经纪人 jobber	中间批发商	材料和半成品的寻找、中介佣金
d	中间商 broker （信息经纪人 desk jobber）	信息商	寻找相关供应商 （也包括寻找库存） 信息佣金
e	地方供应商 residential buyer	产地信息商	寻找产地库存 信息佣金
f	产品开发商 convertor	产品开发指导	零售商商标的资源寻找、产品控制
g	地方集散批发商	兼 a–c 中的几项	并非全都做
h	销售公司	产品生产商的专属批发	产品库存不均
i	质检商 surveyor	检查商品	降低标准品质外的损耗率
j	手工制造业 manufacture	第 × 次的部分加工	不是一贯生产

第7章

作业体系改革的要点

1　作业体系的问题点

▼作业体系改革是提高生产率的唯一对策

日本的餐饮业今后必须解决的最大课题是作业体系的改革。因为这既是在真正意义上实现产业化，也是为了让从事这项产业的人的生活更加富裕而不可回避的课题。

特别需要指出的是前述的薪金标准低是餐饮业的最大问题点。但是，这个问题很难解决。因为很多企业都没有确保作为工资来源的人均每小时收益[①]和劳动增加值[②]。

人均每小时收益，企业整体确保 5000 日元，店铺确保 6000 日元，是理想的。但是，从表 7–1–1 来看，餐饮业的现状是 2000 日元至 2999 日元的占 43%，不满 2000 日元的有 20%，而且没有 1 家企业超过 5000 日元。

请看一下该表每周平均劳动时间一栏。超市是 43 小时，而餐饮业是 61 小时。从这个实态可知，餐饮业劳动时间很长，但

---

① gross profit per man hour　从业者每人每小时的毛利润，是最为重要的管理和作业效率的衡量标准，影响收益。公司整体需要达 5000 日元以上，为此，需要通过作业体系的改革减少作业量（人工工时）。

② labor productivity　在一定期间内每位员工（或者劳动 1 小时）的增值额。因为是薪水本金，所以薪金标准的增加只有通过提高劳动生产率才能实现。提高对策有减少作业种类、削减总人工工时（作业量）、设置适当规模面积的店铺、彻底做好作业教育等。

人均每小时收益却非常低，是一个劳动条件极其苛刻且没有效率的行业。

劳动增加值，请参考表 7-1-2。劳动增加值是指根据劳动基准法的规定，每天工作 8 小时，1 年 2000 小时，每位员工创造的毛利润。此表是我们根据餐饮业的各上市企业的有价证券报告制作而成的。

劳动增加值 1 年 1000 万日元以上是理想数值，至少也要确保 800 万日元以上。但是，从此表来看，能够确保 800 万日元以上的企业只有 9 家，另一方面，600 万日元以下的企业占了大半，其中还有 300 万至 399 万日元的企业。

产生这么大差距的主要原因在于作业体系是否有效。例如，手工作业需要约 1 小时的切菜，高效率的机械只需 15 分钟就可完成。即能以 4 倍的速度进行作业。这时，需要将这种低效率的作业方式更换成高效率的作业方式。这就是作业体系改革，是提高生产率的唯一方法。

表 7-1-1　店铺现场的每人每小时生产率的现状

	2000 日元以下	2000—2999	3000—3999	4000—4999	5000—5999	6000—6999	7000—7999	8000—8999	人均每小时收益最高的店铺的每周平均劳动时间
日本型超市	—	36%	36%	14%	14%	—	—	—	48
超市	5%	17%	48%	14%	7%	6%	2%	1%	43
餐饮业	20%	43%	23%	14%	—	—	—	—	61

汇总了 2006 年 8 月—2009 年 5 月之间 4 次参加 Pegasus 店铺管理研讨会的 488 人的数据。

表 7-1-2 上市企业劳动增加值的现状

800 万日元以上	
Bronco Billy	935 万日元
UKAI	931 万日元
关门海	928 万日元
东天红	907 万日元
Plenus	890 万日元
日本麦当劳控股公司	887 万日元
KAN-NAN 丸	(848) 万日元
东和	809 万日元
HUB	808 万日元
700 万—800 万日元	
Wondertable	780 万日元
HURXLEY	769 万日元
日本肯德基	764 万日元
Pepper Find Service	762 万日元
Saint Marc	755 万日元
Create Restaiurants	748 万日元
Arcland Service	740 万日元
Jproject	726 万日元
Global Act	716 万日元
松屋	707 万日元
Marche	704 万日元
Hiday 日高	703 万日元
600 万—700 万日元	
COCO' S Japan	694 万日元
Global Dining	693 万日元
SAKAI	692 万日元
ATOM	688 万日元
王将	668 万日元
G networks	660 万日元
Sundays	654 万日元
Chimney	634 万日元
大和	633 万日元
木曾路	628 万日元
萨莉亚	(627) 万日元
Horii Food	620 万日元
京樽	616 万日元
Nakau	612 万日元
Don	611 万日元
幸乐苑	607 万日元
Fujio Food	602 万日元
600 万日元以下	
Toridoll	594 万日元
G-taste	593 万日元
SATO Restaurant Systems	589 万日元
ZENSHO	570 万日元
Amiyaki Tei	563 万日元
大户屋	553 万日元
安乐屋	536 万日元
Life Foods	532 万日元
Kappa-Create	530 万日元
Flying Garden	529 万日元
Sun Corporating	526 万日元
Sagami Chain	523 万日元
Friendly	509 万日元
KARURA	503 万日元
Gourmet Kineya	501 万日元
元气寿司屋	468 万日元
Fujita Corporation	466 万日元
Joyfall	463 万日元
小僧寿司	419 万日元
家族亭	301 万日元

日本 Retailing 中心根据 2009 年 4 月末决算为止的有价证券报告进行的计算。
( ) 是将中期结算的数值换算成年度数值。
不含未公开员工数的企业。

▼发现“本公司的缺点”是改革的出发点

在考虑作业体系改革前，首先需要明确的是“作业体系”一词的意思。

所谓作业体系化是指“建立避免店铺状况恶化的体系”。即建立即使高层不常驻店铺，现场也能维持本公司要求的状态的体系。意思是，预定的成果能百分百达成，无论安排什么样的员工，都能准确无误地完成要求的所有工作。

然而，餐饮业进行的很多作业体系改革都只是一味地强调“努力”“拿出干劲”“拼命干”“强化劳动”等。必须知道，这与作业体系改革完全背道而驰。

为了推进体系改革，首先需要发现本公司店铺的缺点。从这个意义上来讲，体系改革的出发点必须是明确“本店不该做的”“发现发生的事件和事故”。用连锁店术语来讲是“观察”。

但一般状况下，很多都不能发现事故和事件。员工只是切身体会了过劳，完全不知道作业上存在哪些问题，可以说这是很多餐饮企业直面的课题。

由此来看，首要问题是观察有误，即发现的问题是错误的。其次是，由于没有找到真正的原因而进行了错误的分析。这样的话，别说作业体系未改革，就连员工的作业也会越来越陷入过劳的恶性循环。

▼明确“完全作业”了吗

不仅是餐饮业，无论哪类生意，引起不良事态的原因都是没有明确“完全作业”。因此，连应该完成的作业做了没有都不会察觉。即使发生了不好的事情，也不知道原因何在。即“完全作业”的确立是作业体系改革的前提。

例如，烹饪操作手册如果像电视中的烹饪节目一样使用“用心烧”“漂亮装盘”等措辞，是不可能完成完全作业的。使用形容词不能明确任何东西。制作烹饪手册的必需条件是以数字明确标明工具、作业顺序、时间、温度等。

即明确说明“什么是完全作业”。然后，明确完成完全作业时支付报酬，未完成时无需支付约定的报酬等。

明确完全作业的内容后，需要告知作业程序。完全作业的意思是无一例外都能完成要求的作业。所以，不能完全作业的员工需要优先训练。

作为具体的作业种类，首先是烹饪方法。第二是质量检查、数量检查、体积和重量检查。第三是上菜的问题。第四是储藏、运输的管理问题。

重要的是，作为作业体系改革的第一阶段，当明确完全作业后，就成为容易工作的场所。因为，根据作业的难易程度，熟练者和不熟练者被明确划分，并能够依据完全作业的完成状况确定薪水差。以此标准设立的薪金体系才与最重要的工作价值相关。最优先进行作业体系改革能为工作场所营造一个公平的环境。

另一方面，必须排除的是“提高效率”的想法。即单位时间内完成工作。这不过是效率一词的错觉而已。

因为，只要没有完全作业，工作量就会大幅增加。餐饮业的作业容易受眼前工作的束缚，倾向于以完成工作量之多、速度之快为评价标准。这样的话，擅长蒙混过关之人或过劳工作的人容易受到表扬。但是，这不是人才培养，而是与作业体系改革背道而驰。

▼作业和薪水密切相关

在确定完全作业、进行作业体系改革时，首先重要的是设定具体的目标数值。

谈到作业合理化，容易想到减少现场的员工，但是，实际上不该考虑销售额和员工数，而应该以能否完成完全作业为大前提。即以人工工时（作业量）和每人每小时工资，即劳动分配率①为重点。

设定目标数值时，应用数字评价是否完成完全作业。不是以销售额的高低，而是以人工工时进行评价。

其次重要的是支付的工资是否合适。必须根据完全作业的完成度，正确分配个人小时工资。

基于以上两点，以人工费②每万日元的工作量加以计算是最合适的，作为判断指标的劳动分配率应为35%。

人工费的计算可以以天为单位，也可以以周或月为单位。总之，关键是能否将人工费控制在毛利润的三分之一内。必须知道，超过的话，那部分就会成为成本的一部分。

---

① ratio of payroll to gross profit 指劳动费用（人工费）和附加价值额（毛利润）的比例。与薪金分配率不同，劳动费用的内容包括员工薪水、津贴、奖金、退休金、董事报酬、法定福利费、福利待遇、训练费、录用费等所有的人工费用，但不包括董事依据利益分配的奖金。

② personnel expenses 指企业员工的费用，包括薪水津贴、员工奖金、退休金、福利待遇等，除此以外，还包括训练费、招聘费、准备金等。

这只能说是作业体系没有效率。因此，重要的不是员工人数，而是确定人工工时数。这时，以下两点是必要的。

第一，当命令部下做 Y 作业时，首先要知道部下是否具备完成 Y 作业的能力。第二，Y 作业与应支付的工资相当。

明确完全作业和报酬的关系，是作业体系改革的绝对条件。

▼源自无知和迷信的烹饪加工

餐饮业的一大问题是，店铺中有很多不必要的作业。首先可以指出的是烹饪加工，作业量增多的原因是有人认为“刚出锅”“刚做好”的食品好。但是，不得不说这完全是迷信。

在食品范畴内，包括外卖在内，卖得最多的不是麦当劳，而是 7–11。家庭餐馆等更是望尘莫及。7–11 的商品当然不是刚做好的。但是，从其 1 万以上的分店数量就可以知道，即使如此也很受顾客的欢迎。

这是技术革新的结果。所谓技术革新是指冷冻、冷藏技术和能以一定形式保持产品质量的机械设备的发明。从这点来考虑的话，餐饮业完全没有推进技术革新。

正如在质量管理一节论述的那样，餐饮业必须有中央厨房。其建立标准是生产工学的加工中心。因此，当然必须以几乎没有人工的方式进行加工。在加工阶段控制好温度和湿度，运输和储藏也需要应用具有划时代意义的技术。即在何种程度上熟练运用了技术和机械，这是减少店铺作业的一个方法，也是推进作业体系改革不可或缺的。

此外，分量管理也是作业体系改革的一个方法。分量管理是质量管理和数量管理必需的技术，这也需要机械化。过去一般是由专业人士用手或眼睛进行分量管理，但是，即使是熟练的专业人士，也有 5% 至 10% 的误差。但是，在技术革新日新月异的现代生产管理中，误差可控制在 1.5% 以内。运用这类技术的分量管理是均质化、作业标准化、利润稳定所不可或缺的。

2　作业体系改革的出发点

▼将“材料处理理论”作为着眼点是有效的

找出不必要的作业，改换成更为有效的方法是作业体系改革的本质，比较合理的方法是“材料处理①理论”。

一般而言，材料处理理论是员工的基础教养。材料处理理论能提高人均每小时收益，但无论进展多么顺利，预计也只能改善 20%。但是，既然可以改善 20%，餐饮业就该采纳。为完成完全作业，材料处理理论的确是必不可少的。

众所周知，材料处理以丰田方式来讲的话，就是“整理整顿”理论。但是，餐饮业往往将整理整顿作为道德问题。并非整理整顿就好。首先需要决定在什么地方配置什么，这很重要。需要明确将 X 放置在某处的合理理由。如果 X 保管在不易有效利用的地方，就不能称为材料处理理论。即 X 是否真的需要整理整顿，反之，没有 X，作业是否变得更容易。需要科学地规定动作②及其动作范围。

必须考虑材料处理理论中是否理解实际进行的作业和应该进行

---

① material handling 指提高材料处理效率的技术体系，减少浪费、不均、不足的“动作经济”技术。有关所有物品的移动、保管、加工包装、捆包等，包括工具和人的分配、动作，作业环境在内的改善作业处理方法的技术体系。

② motion 指构成作业的要素，工作的最小单位。动作有动作经济原则，应该规定没有浪费、不均、不足的动作。

的理由。位置是否合理？作为下一个作业的准备，整理整顿的状态是否合适？必须设置的根本原因是什么？这些都是需要考虑的。

科学考虑这些内容是作业体系改革的着眼点。

▼减少人工工时需要 7 点改变

那么，履行完全作业时，餐饮业中被视作无用作业的有哪些呢？我们来具体看一下吧。

日本物流业中，被称为“无用”作业的大致有 3 类。表 7-2-1 记载的都是不需要的作业。比起快餐业，餐桌服务型餐厅有更多这样的无用作业。时常做些完全不必做的事。

去除无用作业的要点是，以运用材料处理理论的改善方法为原则。内容汇总在表 7-2-2 内。改善[①]所需的变更的内容有：（1）配置，（2）工具（器具），（3）物品的移动方法，（4）身体的转动部分，（5）动作，（6）行动的方法，（7）环境。那么，以上各项内容，怎么做才没有浪费呢？才能减少人工工时呢？下面我们展开讨论。

当然，必须是实现完全作业所需的。这项原则是新职员训练时的主题之一。毋庸赘言，对企业干部和中坚职员而言，是必须知晓的常识。

与此同时，这些内容必须写入手册中，进行培训教育。因为“必须主动去做的作业”妨碍完全作业的实现。

---

① 改善（kaizen）指慢慢地把职场、作业的方法、环境向好的方面改变的经营方法。在改善现场，以“material handling”理论为中心，反复、持续地进行调查和实验。因是日本独创，所以日语中表示“改善”读法的字母被直接运用在英语中。与改变业务体系本身或整个流程的“改革”区别使用。

例如“等待”这项作业。零售业中没有等待这项作业，一直做着一些工作。但是，餐饮业却恰恰相反，很多时候都是什么都不干。那么，组合顾客来店后产生的作业及和顾客无关的作业，创设员工能一直做这两项作业的条件即可。然后，在手册中明示。

在手册中还必须记入的是执行完全作业不可或缺的工具的统一。因为，即使制作了完全作业手册，还是会产生质量参差不齐或作业时间差的原因就是工具没有统一。

进行作业体系改革，首先必须决定工具、动作、顺序的标准。餐饮业各店铺间手册和行动不一致的事例有很多。这就是因为“没有标准”。

表 7-2-1　对日本物流业“无用”作业的反思

（A）应急剧减少的作业种类 （1）接待顾客（应对）、面对面销售、侧面销售（除被动的卖场向导和投诉处理外） （2）全权委托厂商的陈列整理 （3）品种单位（多数品种）的短期特价销售 （4）供应商直送至店铺的相关作业 ※※（5）店铺后方的加工作业　①定价②变更售价③零售单位的细分（计量）④烹制 （6）将剩余商品摆放在陈列棚内特价销售 （7）收货后的后方短距离位置移动 （8）招呼型的问候 （9）柱子附近和墙面的商品陈列 （10）店员的店铺促销策略奖励 （11）在店内制作 POP 广告 （12）店内特卖广播和 BGM （13）主动想到的作业、注意范围的扩大 ※※（14）“作为店长权限而全权委托的作业” （15）分发小面积、小字号的印有多数商品的广告
(B) 应削减频率的（应汇总、进行完全作业）作业种类 ※ (1) 起草订货 ※ (2) 补充（卖场出品）（少量、多次） ※ (3) 保持后方库存的稳定、持续进行移动和整理 (4) 交货时的检查（检查数量、重量、质量） (5) 清扫（扫、拭、磨）、洗净 ※ (6) 陈列位置的移动和陈列形式的变更 ※※ (7) 陈列整理 ① POP 的更换 ②找出不适合的商品（超过库存时间、期限的商品，质量下降的商品）③先入先出
※ (C) 应削减数量的对象 (1) 品种数 (2) 单品数 (3) 售价种类数（同一品种，容量不同、色泽不同） (4) 陈列的品种数

表 7-2-2　运用材料处理理论的改善原则

A. 宗旨	杜绝浪费、不均、不足 （重新正确表示既定的规则）	
B. 目的	以更轻松、更自然地完成完全作业为目标 （削减人工工时不是第一目的）	
C. 变更方法	1. 配置	（1）移动的长度（不要绕一圈） （2）移动的目的地（在近处设置存放处） （3）扩大移动时的通道宽度、减少拐角、去除倾斜路面（做到易于行走） （4）移动的频率（一并移动） （5）移动的工具（熟练使用）
	2. 工具（器具）	（1）性能 （2）易于使用 （3）正确度（精密度） （4）故障频率 （5）易于保全运转率 （6）充足的必要数量 （7）用法规则
	3. 物体的搬运方式	（1）水平 （2）使滑动 （3）降低 （4）放下 （5）放置
	4. 移动的部分（部位）变少	
	5. 动作（去除、减少）	（1）等待　（9）捡起 （2）寻找　（10）伸直脚 （3）注视　（11）保持 （4）计算　（12）零碎作业 （5）触摸　（13）反复作业 （6）注意　（14）疲劳 （7）用心周到　（15）当时决定 （8）站起　（16）一同讨论
	6. 同时（并行）行动	
	7. 环境	（1）照度 （2）温度 （3）湿度 （4）地板的干燥度

▼建立“轻松完成的状态”

日本的餐饮业中，进入公司2年至3年后担任店长的例子很多。原本，担任店长至少需要经过8年或10年以上的时间。因为，完全掌握现场作业需要那么长的时间。

在现场必须记住的作业约有200种。200种与8年相除的话，每年需要25种。也就是说，必须每两周掌握一项作业，并遵守完全作业的原则。

为了让其掌握完全作业，企业干部教给部下正确的训练原则是重点。具体对策有以下6点。

①分成工具、动作、顺序

②让其阅读并记住文书

③示范作业

④让其实际操作作业

⑤观察是否每天进行完全作业

⑥未能完成的话，教给其所缺乏的知识和经验。

必须反复进行这项训练。

如前所述，不确定完全作业，而一味想要提高收益的话，只会延长劳动时间，陷入义务加班泛滥的状况。加之“快干”之类的抽象教导，事态会进一步恶化。因为所谓“快干”会增加体力劳动的难度。

日本的流通业强求过劳，这之所以成为共识是因为企业的高层一直提出这样的要求。连锁店理论原本以“轻松完成”为大前提。正因为能“轻松完成”，经常保持100%的完全作业，经营数值才会自然提高。

即本公司必须下决心从根本上进行体系改革，“想提高经营数值→必须理解完全作业，然后持续实行→没有压力、轻松完成的状态不可或缺”。“让店长去做”是无稽之谈。

▼通过机械化明白增加品种是无用之举

零售业和餐饮业的共同点是，本公司不断地对店铺提出要求。而且，本公司不仅提出要求，还提出期待和希望。这样只会不断增加现场的人工工时。

此外，在店铺中将商品重新换成零售包装也会产生无用作业。餐饮业中则是食材的准备。其中最大的问题是，计量、切碎材料。比起烹饪，计量、切碎作业会大幅增加成本。煮、蒸之类的作业，只要按一下开关，机械就能顺利完成。但是，切、刻等作业必须由手工完成，而且会增加废弃物。

因此，这项作业应在加工中心完成。作业机械化不仅能降低各项作业的成本，还与品质、味道的稳定密切相关。

而且，我们知道，越机械化，品目数过多时产生的作业越浪费。即店铺中的机械化，如果不精炼菜单，很难有效地发挥功能。

3　作业体系改革的顺序

▼改革由本公司直接管理、主导

无用作业会增加作业量，导致人工工时的增加、妨碍完全作业的有效实行。对于这点笔者相信大家已经明白。为了减少无用作业，应该以运用有关物品的放置方法、移动方法的材料处理理论的改善方法为原则。此处重要的是，这样的改善方法应该由谁、如何建立。

店铺里能做的应该由店长负责。生产管理的技术指挥则必须由地区经理和店铺运营部长担当。但是，这只是作为训练给予指挥权而已。教给地区经理和运营部长材料处理理论的则必须是本公司的干部。因为，如果不是本公司直接监督、统辖，就不可能从根本上进行业务改革。

例如，食材的保管问题。关于食材该如何保管这一基本知识，不仅是现场，就连商品部和店铺运营部也有很多都不懂。因为不知道温度、湿度的上下限，所以店铺的储藏方法就比较马虎。

▼质量、数量的管理不可委托现场

餐饮业店铺的后院仓库里，若无其事地写着“2 度至 10 度冷藏”“零下 50 度至零下 10 度冷冻”等。这种表示方法幅度太大，各家店铺的设定温度也都参差不齐。常温仓库也罢，冷藏库、冷冻库也罢，因其高度和面积的不同，温度和湿度也不同。首先必须知道这个常识。

而且，这些保管场所的门开关次数增加的话，温度和湿度每次也会发生变化。很多餐饮业的现状是，需要时会不断开开关关。这样的话，温度和湿度就会不稳定，不能进行真正意义上的食品管理。所以必须细致地设定温度和湿度，严格限定门的开关次数。

此外，保管场所中储藏有 3 周至 4 周前采购的食材的事例也不少。但是，不该将冷藏品放置 2 天以上，冷冻品放置 3 天以上。

之所以发生这样的事情，是因为将数量管理委托给了现场。订购量几乎都是店铺瞬间判断的。应该由本公司的订货代理[①]等能进行销售预测的人进行数量分析，然后决定每个品种各店的订货量。

分量管理也是一样的。表现出最不稳定的是“切碎”和“装盘”这 2 项作业。有时会设定每餐 100 克或 200 克，很难将数量准确切开或者装盘，这也是最耗时间的作业。

餐饮业往往不将分量上的参差不齐当作一回事，但是，必须知道疏忽分量管理，会造成机会损失。商品分量多的话，顾客可能会产生得利的感觉。但是，下次来店时如果比上次少了的话，必定会产生不满。与邻座顾客相比，分量少了的话，也

---

① inhouse distributor 指配备在各连锁店的物流（商品管理）中心，负责决定各店铺及各单品的交货量、交货日期，与本公司的采购负责人不同的专职订货的职位。每个人担当 5—10 位采购负责人、15—60 家店铺的订货工作。成为采购负责人之前必经的职位。

会觉得不公平或不满。总之会不再信赖店铺。

此外，如果分量管理不到位，也会造成味道的参差不齐。如前所述，只有集中进行分量管理，才能消除品质、数量、味道的参差不齐。即为了实现完全作业，订货量、温度湿度管理、分量管理都不可交给现场。

▼本公司规划小组最少进行2年的调查

运用材料处理理论进行作业体系改革时，本公司的规划小组首先要进行调查。这项调查至少需要2年，然后，本公司根据调查结果对店方进行直接指导。转换作业体系的顺序如表7–3–1所示。

表中①是进行物流管理。采购食材，运入中心，再从中心运入店铺厨房，逐个阶段组入人工工时的概念，在现场实际确认哪儿最费人工工时。

②进行成本相关调查。依据员工的小时工资，调查员工作业的妥当性。餐饮业的现状是，小时工资800日元的员工和1000日元的员工从事着同样的工作。必须根据作业种类或时间段确定难易程度。

然后，削减现场作业的种类③、确定完全作业（④、⑤）、规定使用的工具⑥。此时终于能⑦确定各个作业单位的难易程度，根据作业能力建立相应的工资体系，②中进行的调查结果也能运用到实际的作业体系中。

但是，餐饮业中很多没能到达⑦。“完全作业是必要的，那就制订规则吧”，尽管有相应的行动，但其规则是道德性的。结果就成了本公司强加于店长的“随机应变，想方设法”的形式。

这是马虎应对的证据，本公司必须有所自觉，店铺行为是有极限的。即重要的是本公司进行认真实验、科学调查。然后逐一、科学地减少无用作业。

表 7–3–1　作业体系转换顺序的检查列表

※（1）	各部门、各工程成本（人工工时）概念的导入←在现场实际测算
（2）	为了完全作业化和控制作业成本，制作数表格式、进行经营管理培训（销售量和人工工时相关表格的制作）
（3）	现场作业种类的削减
※（4）	PC（Commissary）功能的扩大或转换
※（5）	制作有关所有作业的新的完全作业手册
（6）	根据作业体系的变化更新机器、备用物品、消耗品的种类和数量，以及操作手册
（7）	根据各作业单位的难易程度排序，按照各作业种类所需的能力设定工资体系（确定目标作业能获得的工资）
（8）	制订根据作业完成实绩进行评价的制度
（9）	制订教育培训计划＝①材料处理理论②温度湿度管理③ HACCP ④生产管理（工程管理和质量管理）
（10）	现场 Operation Mgr. 形象的根本变革和再培训计划
（11）	现场 Mgr. 的作业分配（Work Scheduling）和工作计划（Labor Scheduling）
（12）	商品开发（商品部）和店铺现场的责任、义务、沟通方法的变更
（13）	现场业务的任务和职务的变更
（14）	通过整个公司的重组，大幅削减总人工工时，确立恰当的劳动分配率

▼作业体系改革的基本原则

接下来，进行作业体系改革的规划小组要做的是，考虑“什么是不完全作业”。思考作业体系改革的基本原则，自然就能明白。其基本原则如下。

●运用材料处理理论进行改善

· 缩短距离

· 降低频率（一并处理）

· 减少“抬起”“屈伸”“注视”

· 开发器具

●改变店铺后方的功能

· 将后方作业移向中心加工、零售包装（包括定价）、检查数量（检查质量）——向生产工学改革

· 缩短库存时间和库存量（只有待交付的必要数量）

· 库存的整理整顿

· 向供应商租赁后方

· 收货作业的根本性重组

· 布局变更

· 器械变更

●物流体系的变更

· 送货箱[①]（FRM）的扩大开发（餐饮业中是指商品以能摆上饭桌的状态进行配送）

· 厂商一方的单位的变更

· 卡车路线的确保

●补充订货制的变更

· 缺货（未交货）时的紧急报告制

· 缺货（未交货）时的即日原因追究报告制

· 专业人士起草订货方案的制度

· 订货代理的培训、资格考试制，根据地区或区域的 POS

① floor ready merchandise 指向店铺交货时，能保持原样摆放的商品。衣服不是装入塑料袋后放入瓦楞纸箱，而是挂在衣架上放入管状简易衣柜交付，作为摆放箱能使用的“送货箱”，也包括能含搬运工具在内陈列的商品。

分析确定交货量的（→订货）制度

●菜单制订标准的实验

· SKU（stock keeping unit= 单品）数量的大幅削减

· 同一 TPOS 3 品种制

根据以上原则，作业体系改革的规划小组准确找出不完全作业，明确课题是第二阶段。

▼比较以前的对策和将来的对策

关于课题，重要的是比较以前执行的和今后应该执行的。餐饮业中的课题主要有以下 8 个。

①标准（尺度）

如果仅仅是员工勤勉工作，只能一味增加工作量。本公司强加“坚持主义”的话，总人工工时就会逐渐增加，结果造成过劳。

必须以劳动分配率计算目标人工工时，通过扩大每个人的面积大幅削减总人工工时，同时实现完全作业。为此，需要适当的工作计划和作业分配。

②提供的数值信息

很多餐饮业只关注销售额和客人数。应该关注的是人工工时数、每人的人工费及劳动分配率。

③努力方向

餐饮业总是奖励“用心周到”，实际上，这只会无限制地增加劳动，而且包括无用作业在内的各种工作，要求速度只会增加不完全作业。因此，大幅减少现场工作量是先决条件。其次，实现各项作业的完全作业化。为此，根据作业种类分配人力是有效方法。

④现场作业改革的方向

很多餐饮业的连锁店，只是增加厨房的设备费、补充设备，店铺作业几乎没改变。

但是，原本必须大幅削减现场作业种类和作业频率。特别是店铺的加工、分类、保管等作业的削减。为此，必须增强加工中心（PC）、中央厨房的功能。

⑤检查商品

餐饮业的商品配送没有细分成1人份，为此，厨房增加了额外作业，食材的库存管理对策也不完全。温度设定的不明确也给品质的维持造成了障碍。即检查商品（检查数量、质量）比较马虎。其对策是简单的，一并由熟练者在DC、PC、TC、中央厨房检查质量即可。然后，以FRM的形式往各店配送、交付当天的补充数量。

⑥作业手册

仅在进入公司初期的初步作业阶段使用，之后就丢置一边的状况不少。然而，使用作业手册是很重要的。手册中必须以难易程度区分作业种类，然后进行统合。手册的制订应去除“漂亮”“注意”“用心”等道德性质的表达方式，需能够作为作业顺序的指示手册被经常使用。也不可忘记将其与小时工资标准相关联。

⑦“初步作业”的训练

关于这点，几乎所有的企业都全权委托给了店长。实际上也有委托给熟练小时工的情况。这样的话，整个店铺就会产生明显的参差不齐。应该在训练中心或特定的店铺对包括计时工在内的员工进行“初步作业”的训练，在分配至各店后，培训“基础作业”。

⑧职场环境（氛围）

为了获得上司的好评，职场内有时会发生争斗。那是因为评价尺度不明造成上司个人判断直接反映在薪水中，这样的恶习大行其道。这样的话，就不能让人信服。工作场所必须公平且明朗。

▼在采取人员削减对策前，重新审视作业体系

以削减人工工时为目标时常会产生这样的误解。那就是减少职员数，取而代之的是增加计时工。但是，严密计算的话，就会发现事实上使用计时工反而会增加企业成本。

例如，公司负担交通费的话，为每周工作 4 小时和 40 小时的人负担的额度是一样的。尽管也有不支付福利待遇和奖金的企业，但是企业原本负有根据年度劳动时间支付福利待遇的义务。如果正式员工的劳动时间为 2000 小时，计时工为 1000 小时，就必须支付一半。奖金也是一样的。“因为劳动时间短”是不能成为理由的。如果正式员工工作 2000 小时，计时工 500 小时的话，就应该支付四分之一。

计时工原本就受到工作时间段的限制，所以企业会用工不便。增加计时工是不恰当的劳动行为。作为不当削减人工费的手段，就会削减职员数、增加计时工。

因此如果简单削减人员的话，即使有所减少也全无意义。反而会增加每个人的工作量，造成不完全作业的增加。即与其打出人员削减对策，不如先重新审视作业体系。

作业体系改革绝对不可交给现场。应该由本公司的干部在反复调查和实验的基础上，直接指导现场。如果不能这样，是不能真正推进作业体系改革的。

“服务的细节”系列

《卖得好的陈列》：日本“卖场设计第一人”永岛幸夫

定价：26.00 元

《为何顾客会在店里生气》：家电卖场销售人员必读

定价：26.00 元

《完全餐饮店》：一本旨在长期适用的餐饮店经营实务书

定价：32.00 元

《完全商品陈列 115 例》：畅销的陈列就是将消费心理可视化

定价：30.00 元

《让顾客爱上店铺 1——东急手创馆》：零售业的非一般热销秘诀

定价：29.00 元

《如何让顾客的不满产生利润》：重印 25 次之多的服务学经典著作

定价：29.00 元

《新川服务圣经——餐饮店员工必学的 52 条待客之道》：日本“服务之神”新川义弘亲授服务论

定价：23.00 元

《让顾客爱上店铺 2——三宅一生》：日本最著名奢侈品品牌、时尚设计与商业活动完美平衡的典范

定价：28.00 元

《摸过顾客的脚才能卖对鞋》：你所不知道的服务技巧，鞋子卖场销售的第一本书

定价：22.00 元

《繁荣店的问卷调查术》：成就服务业旺铺的问卷调查术

定价：26.00 元

《菜鸟餐饮店 30 天繁荣记》：帮助无数经营不善的店铺起死回生的日本餐饮第一顾问

定价：28.00 元

《最勾引顾客的招牌》：成功的招牌是最好的营销，好招牌分分钟替你召顾客!

定价：36.00 元

《会切西红柿，就能做餐饮》：没有比餐饮更好做的卖卖！　饭店经营的“用户体验学”。

定价：28.00 元

《制造型零售业——7-ELEVEn 的服务升级》：看日本人如何将美国人经营破产的便利店打造为全球连锁便利店 NO. 1!

定价：38.00 元

《店铺防盗》：7 大步骤消灭外盗，11 种方法杜绝内盗，最强大店铺防盗书！

定价：28.00 元

《中小企业自媒体集客术》：教你玩转拉动型销售的 7 大自媒体集客工具，让顾客主动找上门！

定价：36.00 元

《敢挑选顾客的店铺才能赚钱》：日本店铺招牌设计第一人亲授打造各行业旺铺的真实成功案例

定价：32.00 元

《餐饮店投诉应对术》：日本 23 家顶级餐饮集团投诉应对标准手册，迄今为止最全面最权威最专业的餐饮业投诉应对书。

定价：28.00 元

《大数据时代的社区小店》：大数据的小店实践先驱者、海尔电器的日本教练传授小店经营的数据之道

定价：28.00 元

《线下体验店》：日本“体验式销售法”第一人教你如何赋予 O2O 最完美的着地！

定价：32.00 元

《医患纠纷解决术》：日本医疗服务第一指导书，医院管理层、医疗一线人员必读书！ 医护专业入职必备！

定价：38.00 元

《迪士尼店长心法》：让迪士尼主题乐园里的餐饮店、零售店、酒店的服务成为公认第一的，不是硬件设施，而是店长的思维方式。

定价：28.00 元

《女装经营圣经》：上市一周就登上日本亚马逊畅销榜的女装成功经营学，中文版本终于面世！

定价：36.00 元

《医师接诊艺术》：2 秒速读患者表情，快速建立新赖关系！ 日本国宝级医生日野原重明先生重磅推荐！

定价：36.00 元

《超人气餐饮店促销大全》：图解型最完全实战型促销书，200 个历经检验的餐饮店促销成功案例，全方位深挖能让顾客进店的每一个突破点！

定价：46.80 元

《服务的初心》：服务的对象十人百样，服务的方式千变万化，唯有，初心不改！

定价：39.80 元

《零售现场力》：全世界销售额第一名的三越伊势丹董事长经营思想之集大成，不仅仅是零售业，对整个服务业来说，现场力都是第一要素。

定价：38.00 元

《别人家的店为什么卖得好》：畅销商品、人气旺铺的销售秘密到底在哪里？ 到底应该怎么学？ 人人都能玩得转的超简明 MBA

定价：38.00 元

《顶级销售员做单训练》：世界超级销售员亲述做单心得，亲手培养出数千名优秀销售员！ 日文原版自出版后每月加印 3 次，销售人员做单必备。

定价：38.00 元

《店长手绘 POP 引流术》：专治“顾客门前走，就是不进门“，让你顾客盈门、营业额不断上涨的 POP 引流术！

定价：39.80 元

《不懂大数据，怎么做餐饮？》：餐饮店倒闭的最大原因就是“讨厌数据的糊涂账”经营模式。

定价：38.00 元

《零售店长就该这么干》：电商时代的实体店长自我变革。

定价：38.00 元

《生鲜超市工作手册蔬果篇》：海量图解日本生鲜超市先进管理技能

定价：38.00 元

《生鲜超市工作手册肉禽篇》：海量图解日本生鲜超市先进管理技能

定价：38.00 元

《生鲜超市工作手册水产篇》：海量图解日本生鲜超市先进管理技能

定价：38.00 元

《生鲜超市工作手册日配篇》：海量图解日本生鲜超市先进管理技能

定价：38.00 元

《生鲜超市工作手册副食调料篇》：海量图解日本生鲜超市先进管理技能

定价：48.00 元

《生鲜超市工作手册 POP 篇》：海量图解日本生鲜超市先进管理技能

定价：38.00 元

《日本新干线 7 分钟清扫奇迹》：我们的商品不是清扫，而是“旅途的回忆”

定价：39.80 元

《像顾客一样思考》：不懂你，又怎样搞定你？

定价：38.00 元

《好服务是设计出来的》：设计，是对服务的思考

定价：38.00 元

《让头回客成为回头客》：回头客才是企业持续盈利的基石

定价：38.00 元

《餐饮连锁这样做》：日本餐饮连锁店经营指导第一人

定价：39.00 元

《养老院长的 12 堂管理辅导课》：90%的养老院长管理烦恼在这里都能找到答案

定价：39.80 元

《大数据时代的医疗革命》：不放过每一个数据，不轻视每一个偶然

定价：38.00 元

《如何战胜竞争店》：在众多同类型店铺中脱颖而出

定价：38.00 元

更多本系列精品图书，敬请期待！

图书在版编目（CIP）数据

餐饮连锁这样做 /（日）渥美俊一 著；玲玲 译．—北京：东方出版社，2016.9
（服务的细节；049）
ISBN 978-7-5060-9224-1

Ⅰ.①餐…　Ⅱ.①渥…　②玲…　Ⅲ.①饮食业—连锁商店—商业经营
Ⅳ.① F719.3

中国版本图书馆 CIP 数据核字（2016）第 227621 号

服务的细节 049：餐饮连锁这样做
（FUWU DE XIJIE 049:CANYINLIANSUO ZHEYANGZUO）

作　　者：[日]渥美俊一
译　　者：玲　玲
责任编辑：吴　婕　高琛倩
出　　版：东方出版社
发　　行：人民东方出版传媒有限公司
地　　址：北京市东城区东四十条 113 号
邮　　编：100007
印　　刷：北京楠萍印刷有限公司
版　　次：2016 年 10 月第 1 版
印　　次：2017 年 8 月第 2 次印刷
开　　本：880 毫米 ×1230 毫米　1/32
印　　张：7.875
字　　数：190 千字
书　　号：ISBN 978-7-5060-9224-1
定　　价：39.00 元
发行电话：（010）85924663　85924644　85924641